「見えざる手」が経済を動かす

池上彰 Ikegami Akira

★──ちくまプリマー新書

080

目次 ＊ Contents

はじめに――学校選択制《せんたくせい》は市場経済の論理……7
第1章 高級ホテルのコーヒーはどうして高い?……23
第2章 ただの「紙」がなぜお金なの?……49
第3章 「紙」が「神」になった?……65
第4章 人間が主人になろうとしたが――「社会主義」の失敗……79

第5章　資本主義も「社会主義」を取り入れた……91
第6章　資本主義が勝った？――「新自由主義」……99
第7章　会社は誰《だれ》のもの？……121
第8章　「あるべき社会」とは？――格差社会の克服《こくふく》……141
おわりに――買い物は「投票行動」だ……151
もっと知りたい人のために……154

本文イラスト　藤井龍二

はじめに——学校選択制《せんたくせい》は市場経済の論理

「学校選択制」が広まった

あなたが住む町の小学校や中学校は、「学校選択制」をとっていますか?

学校選択制とは、近くにある公立の小学校や中学校のうち、どこの学校に通うか、生徒や保護者が決めることができるという制度です。

もちろん私立学校は、入学が認められれば、自宅から離《はな》れた場所にあっても通うことができますが、公立の場合、それぞれの小学校や中学校には「校区」があります。校区内に住む生徒は、そこの小学校や中学校に行くことが決められていました。入学前に、「あなたは四月からこの学校に通ってください」という教育委員会からのお知らせが届くのです。

ところが東京の品川区が、二〇〇〇年度から小学校、翌年度から中学校でも学校選択制を導入しました。それ以来、全国各地で導入されるようになったのです。

どうして、こんな方法が広まっているのでしょう。それは、学校選択制になれば、先生たちが緊張感《きんちょうかん》を持って、学校をよくしようと努力するだろうと考えられたからです。

あなたが中学校の先生だと考えてみてください。その地区の小学校の卒業生が全員自分の中学校に進学するのが当たり前だった時代は、「近くの別の中学校に負けないだけの学校にしよう」という意欲は、あまり生まれなかったかも知れません。

もちろん、自分が勤務している中学校が、地域で「いい学校だ」という評判を得られればうれしいことです。でも、「近くの学校には負けないぞ」という競争意識まで持つことは少ないのではないでしょうか。

もし学校選択制が始まると、どうでしょうか。

近くの小学校を卒業した生徒たちの多くが隣《となり》の中学校に進学してしまい、自分の勤める中学校の入学者がほとんどいなくなってしまったら……。

学校の先生としては、惨《みじ》めですよね。「あなたの学校は落第です」と地域の人たちに宣告されたようなものですから。

そんなことが起こらないように、先生たちは、自分たちが勤める学校をよくするために努力するだろう……。

これが、学校選択制の考え方です。

「競争原理」を導入した

つまり、先生たちにも競争してもらおうと考えたのですね。

生徒たちは、学校の中で競争しています。テストでいい成績をとろうとしたり、中学校や高校を受験したり。生徒たちは、競争することで学力がついていく。競争はいいことだ。だったら、先生たちにも競争させれば、先生たちの能力も上がり、それは結局、生徒たちにとっていい効果をもたらすだろう、という考え方です。

これは、経済の「競争原理」を教育にも導入しようという考え方です。学校に「市場経済」を持《も》ち込《こ》んだ、という言い方もできるでしょう。

私たちの社会は「市場経済」です。「市場」とは、「いちば」と発音するのではなく、「しじょう」と読みます。

市場《いちば》は、魚市場や青果市場のように、商品を売りたい人と買いたい人が集まってセリを行い、値段がついていく、その具体的な場所を指します。

これに対して市場《しじょう》とは、世の中の商品の値段が、売りたい人と買いたい人の数によって決まる仕組みのことをいいます。

商品を売りたい人は、少しでも高く売れるように、商品の品質をよくしようとします。魚だったら、獲《と》れたての新鮮《しんせん》なうちに売ろうとします。野菜なら、新鮮で、形のいいものを売りたいと考えます。

一方、買う側は、少しでも安く買いたいですから、いいものを安く売る人を見つけようとします。売る側も、買う側も、激しく競争するのですね。

その結果、私たちは、新鮮な魚や形のいい野菜を、それほど高くない値段で食べることができるようになっています。

つまり、競争によって、いい商品が安く手にはいるのです。

こうして、私たちの社会では、「競争によっていいものが生まれる」という考え方が定着しました。

学校選択制も、「競争原理」を導入し、先生たちや学校同士で競争させようという考えです。

選択できる学校のある地区が「市場《しじょう》」で、学校が商品。学校の先生たちが「売り手」で、どの学校に行くか選ぶ生徒や保護者が「買い手」ということになります。

この方法は、どうでしょうか。たまたま自宅近くにあるからといって、評判の悪い学校には行きたくないですね。自分が行きたい学校に行けることは、とても幸せなことです。

また、学校の先生たちが一生懸命《いっしょうけんめい》になって教えてくれるようになったら、これもいいことですね。事実、学校選択制が導入されたところでは、中学校の先生たちが、学校のパンフレットを作って小学校を回り、「うちの学校はとてもいいところですから、ぜひ入学してください」と働きかける動きも出ています。

学校選択制は、とてもいいことのように見えます。

生徒があふれて悪くなる？

でも、本当にいいことばかりなのでしょうか。今度は、こんなことも考えてみましょう。

「評判のいい学校」とは、どんな学校なのでしょうか。

実は「評判のいい学校」というのは、中学受験や高校受験の成績がいい、というのがほとんどなのです。「いい学校」というのを客観的に評価するのはとてもむずかしいことです。いじめが少ないとか、生徒たちが学校生活を楽しんでいるとかいうのは、その学校に通っている生徒や保護者はわかっていても、子どもをまだ通わせていない保護者にはわかりにくいことですし、他の学校と比較《ひかく》することができません。

これに対して、「あの学校の卒業生は、有名中学や有名高校に多数合格している」という事実は、客観的な数字でわかります。その結果、「受験の成績がいい」というのが「評判のいい学校」になりがちです。

そうなると、教育熱心な親は、「評判のいい学校」にわが子を通わせようとしますから、その学校には成績のいい子が多数入学するようになります。その結果、中学受験や高校進学の際の実績がよくなり、「いい学校」という評判がますます高まる、というわけです。

また、子どもがまだ学校に通っていない保護者にすれば、どういう学校が「いい学校」なのか、判断するのはむずかしく、地域のうわさ話で決めてしまうこともあります。自分の子どもを「いい学校」に通わせたいと考える親は多いですから、うわさ話でも「評判のいい学校」には入学希望者が殺到《さっとう》します。生徒があふれてしまうのです。

学校の大きさは決まっていますから、入学者が増えれば対応はむずかしくなります。先生たちの目も行き届かなくなるかも知れません。学級数が増え、先生の数を増やすために急に別の学校から転勤してくる先生たちがいることでしょう。そうなると、学校のまとまりを築くのはむずかしくなります。落ち着きのない学校になってしまうかも知れませんね。

みんなが「いい学校」に入ろうと思うことによって、その学校が「いい学校」でなくなってしまう可能性があるのです。

生徒が減って良くなる？

その一方、地域で「評判の悪い学校」には生徒があまり入学しなくなります。生徒数が少なくなれば、その学校は、先生たちの目が生徒ひとりひとりに行き届くようになり、優《すぐ》れた教育が行われるようになるかも知れません。生徒が少なければ、落ち着いた雰囲《ふんい》気《き》の学校になる可能性も高くなります。「評判の悪い学校」が、実は優れた学校になるかも知れないのです。

それでも、生徒数が急激に減れば、その学校は存続するのがむずかしくなるでしょう。学校そのものが消えてしまう可能性もあります。

そうなると、自宅近くに歩いて通える学校がなくなってしまうかも知れません。それまでみんな歩いたり自転車を使ったりして通えていたのに、学校選択制を導入したとたん、学校の数が減り、残った学校にはバスや電車を利用して大勢の生徒が押《お》しかけ、教育条件が悪化する。

こんなことが起きるかも知れません。

一般論《いっぱんろん》としては、「競争原理を導入すればよくなる」とは言えるのですが、その導入の仕方によってはかえって悪いことになることもあります。また、そもそも競争原理を導入してはいけない分野というのも存在するのです。それを見極《みきわ》めることは、とてもむずかしいのですが、大事なことなのです。

公立と私立を競争させる仕組みも

教育に競争原理を導入するため、最近は「教育バウチャー制度」という考え方も注目されています。

バウチャーというのは、「引換券《ひきかえけん》」という意味です。たとえば中学校に入学する前に、子どもたちの家庭に役所から「教育費引換券」が送られてきます。生徒は、通うことを決めた学校に、その引換券を渡《わた》します。学校は、生徒たちから集めた引換券をまとめて役所に提出。役所は、その数に応じて、各学校に費用を配分するのです。

こうすれば、「評判のいい学校」にはお金がたくさん入るので、生徒数が増えても対応できるだろう、というわけです。

いまの制度では、学校の規模に応じて予算は決まっています。教育バウチャー制度を導入するのは、「いい学校」も「悪い学校」も同じ予算では悪平等だ、という考え方にもとづいています。

また、公立の小中学校の授業料は無料ですが、私立は授業料が必要です。それでは、金持ちの家庭の子どもしか私立に行けなくなって不公平だ、という考え方もあります。「教育バウチャー」制度を使って、入学者が引換券を私立学校に渡す仕組みにすれば、私立にも役所からお金が出るので、生徒から授業料を集める必要がなくなる。金持ちでなくても私立に通えるようになる、という考え方です。

これも、いい考え方のように思えます。学校の先生たちが頑張《がんば》れば学校の予算が増えるのですから。家がお金持ちでないために私立に行けなかった子どもたちが通えるようになることも、素晴らしいですね。

しかし、もし私立学校の授業料が無料になったら、これまで以上に多数の子どもたちが、私立学校を受験するようになるでしょう。

私立学校は、学校のレベルを維持《いじ》するためには、入学者の数を増やさないでしょうから、受験競争はますます激しくなるはずです。公立の人気が落ち、私立の人気がますます高まるということになるでしょう。でも、自宅の近くに私立学校はないという家庭はたくさんあります。電車やバスを乗《の》り継《つ》いだり、親に自動車で送ってもらったりしないと通えないということであれば、やっぱりお金持ちしか通えなくなるかも知れません。

また、お金持ちにしてみれば、私立学校の授業料が無料になった分、浮《う》いたお金で子どもを塾《じゅく》に通わせたり、家庭教師をつけたりできますから、結局、お金持ちが有利という状況《じょうきょう》は変わらないかも知れませんね。

さて、これは望ましいことなのでしょうか。簡単には結論が出ない問題であることがわかるでしょう。

「市場の失敗」もある

このように、「市場経済」を導入すると、かえって悪い結果になることもあるのです。これを「市場の失敗」と呼びます。

会社同士が激しく競争することで、消費者にとっていい商品やサービスが提供されるようになれば、「市場経済」はとてもいいことです。

しかし、激しい競争の結果、大企業《だいきぎょう》が勝ち、それ以外の会社がつぶれてしまったら、その会社で働いていた人たちの仕事がなくなります。

また、競争相手が姿を消せば、生き残った大企業は、商品やサービスの価格を値上げするかも知れません。そうなったら、かえって消費者に不利になってしまう可能性があります。これが「市場の失敗」です。

これを防ぐには、どうしたらいいでしょうか。そこで考えられたのが、「独占《どくせん》禁止法」という法律です。

競争で勝ち残った会社が勝手なことをしないように取《と》り締《し》まるものです。会社同士が健全な競争をすることは大事だけれど、その結果、かえって不公正なことになる危険性があるので、それは防ぐというねらいがあります。

経済学は「資源の最適配分」を考える学問

こうした可能性を考え、社会のみんなにとって一番いい経済の仕組みを考える。これが「経済学」なのです。

経済学と聞くと、なんだか「金もうけ」の学問のような気がするかも知れませんが、そうではないのです。教育をよくするためにはどうしたらいいか、ということについても、経済学の考え方が役に立つのです。

経済学とは、決して金もうけの方法を勉強するものではありません。確かに経済学を勉強して、その知識を生かしてお金持ちになった人もいます。しかし、それが主な目的ではないのです。経済学の専門家でありながら経済学者がみんなお金持ちというわけではないことを見れば、それがわかると思います。経済学を学んでいながら、学者という、とても大金持ちにはなれそうもない職業を選んだのですから、金もうけを教える学問ではないことがわかるでしょう。

経済学とは、実は、「資源の最適配分」を考える学問なのです。

この場合の「資源」とは、食料や燃料がもちろん含《ふく》まれますが、それだけではありません。人材つまり人間の労働力も含まれるのです。地球上の資源は限られています。限られた資源を、最適に配分することを考える学問です。

一方に大量の食料が余り、もう片方では食料不足で死ぬ人がいる。これが現実の世界です。もしあふれている食料を、足りない人たちにうまく配分することができたら、世界はずっと平和になることでしょう。

世界には、若くて体力があり、「働きたい」と思っているのに、仕事がなく、失業している人たちが多くいます。働けるのに働けないということは、社会の中で、自分が意味のない存在に思えてしまいます。「自分は世の中のために役立っていない」という思いは、その人の人間としての誇《ほこ》りを失わせるものです。

その結果、犯罪に走ったり、テロを実行したりするようになりかねないのです。

一方で、人手不足で困っている社会もあります。こんなアンバランスを解消できたら、この世の中は、もっと住みやすくなることでしょう。

これが「資源の最適配分」を考えるということなのです。

学校選択制も、学校や先生、先生のやる気と能力という限られた資源を、最も有効に配分しようという試みのひとつとして考えられたのです。

世の中には、お金持ちもいれば貧しい人もいます。これは、ある程度は仕方のないことです。しかし、その格差があまりに大きくなると、社会はとても不安定になります。格差があるのは仕方ないにしても、ありすぎることはよくないのです。極端《きょくたん》な格差が生まれないようにするには、どうしたらいいのでしょうか。

そのために、私たちに何ができるのか。経済学は、「資源の最適配分」を考える学問として、そのヒントや解決策を与《あた》えてくれるのです。そんな経済学の基礎《きそ》の基礎を、これから考えていくことにしましょう。

第1章　高級ホテルのコーヒーはどうして高い？

コーヒー一杯《ぱい》一〇〇〇円超《こ》える！

東京都内の一等地に立つ高級ホテル。ホテルのラウンジやカフェでコーヒーを注文すると、一杯が一〇〇〇円を超え、一二〇〇円もする店さえあります。どうして、そんなに高い値段なのでしょうか。

都心の一等地は土地代が高いので、コーヒーの代金も高くなるのでしょうか。そう思っている人が多いのではないでしょうか。

実はそうではないのですね。「高級ホテルのコーヒー」なら高い値段でも飲むお客さんがいるからなのです。

高級ホテルは、まさに「高級」が売り物です。そこに泊《と》まる人は、「自分は高級なホテルに泊まっている」という満足感を抱《いだ》いています。その高級感を持続させるためには、ホテルから外へ出て、チェーン店の安い立ち飲みコーヒーを飲むわけにはいきません。実はコーヒーチェーン店の方がおいしい場合もあるのですが、静かで高級感あふれる場所で、ゆっくりカップに口をつける瞬間《しゅんかん》が、贅沢《ぜいたく》なのです。

高級ホテルで待ち合わせの約束をする人も同じですね。ランクが上のデートという感じがしますし、商談も、大事な取引という印象を与《あた》えます。

高級ホテルのコーヒーは、まさに「高級」であるがゆえに値段が高いのです。

都心の一等地の地価が高いことが理由でコーヒー代金が高いのだとすれば、周辺のコーヒーチェーン店のコーヒー代も高いはずです。でも、そんなことはありませんね。それは、そのチェーンのコーヒーの値段はどこでも同じと決まっているからです。お客は、それを予期して来店します。だから、地価が高くても、値段を高くできないのです。

「需要《じゅよう》と供給」で値段は決まる

高くてもお金を出す人がいるから、コーヒーの値段が高くなる。このような値段の決まり方を、「需要と供給で値段が決まる」と表現します。

「需要」とは、「欲《ほ》しい」という人の数や求める品物の量のことです。

一方、「供給」とは、実際に売る商品の量です。

人気の（需要が多い）商品は高くても買う人がいます。あまり人気がない（需要が少なく供給が多い）と、安くしないと売れません。この当たり前のことを、経済学では、「価格は需要と供給で決まる」と表現するのです。

たとえばテレビゲームのソフトの中古を売買することを考えましょう。中古ゲームソフトの販売店《はんばいてん》に行くと、ソフトによって値段が違《ちが》っています。人気ソフトは高い値段がつき、あまり人気がないソフトは安い値段になっています。人気があれば、少しくらい高い値段をつけても買う人がいるからなのですね。

近所のスーパーの例を考えてみましょう。スーパーの生鮮《せいせん》食料品売場では、閉店間際《まぎわ》になると、売れ残った商品が値引きされることがあるはずです。

生鮮食料品は長持ちしませんから、売れ残ったら処分するしかありません。それくらいなら、安くても売ってしまおうと店の人が考えるのです。それを見越《みこ》して、閉店間際に買い物に行く人もいますね。

人間が値段を決めるのはむずかしい

でも、この値引きは、店の人から見れば、「はじめに値段をつけ間違えた」ということです。開店のときにつけた値段では買ってくれないお客さんがいたので売れ残ったのですから。

売れ残った商品を値引きするくらいだったら、最初からもっと安い値段をつけておけば、全部売れたかも知れないのです。

しかし、その場合、「安い値段」とは、いくらならよかったのでしょうか。たとえば、キャベツを一〇〇個仕入れて売ることを考えてみましょう。

Aという店は、一個一五〇円で売り出しました。一方、Bという店は、「一五〇円では売れ残りが出る」と考え、一個一三〇円で売り出しました。

その結果、一個一五〇円の店は、閉店間際までに八〇個売れたとしましょう。残り二〇個を一〇〇円で売り、全部売れました。さて、いくらの売上げになったのか。

一五〇円が八〇個で一万二〇〇〇円。一〇〇円が二〇個で二〇〇〇円。計一万四〇〇〇

A店
お買い得だよー
八百八
キャベツ100個
八百八
1コ 150円
B店
安いよ！
スーパー
キャベツ100個
1コ 130円
ECO
20個
お値引 1コ 100円
閉店間際
完売
あれ？
完売
150円×80コ＝12,000円
＋
100円×20コ＝ 2,000円
合計 14,000円
130円×100コ＝ 13,000円
合計 13,000円

〇円でした。

Bという店は、最初から一三〇円にしたので、一〇〇個が全部売れました。売上げは、一万三〇〇〇円でした。

さて、どちらの店がより利益を上げたかというと……、そうです、意外にも、最初は高く、最後に値下げした店の方が、売上げ額が多くなりましたね。

「売れ残って値下げするくらいなら、最初から安く売ろう」という戦略は、決して間違いではありませんが、途中《とちゅう》で値下げした方が有利な場合もあるのです。

値段のつけ方は、とてもむずかしいですね。

かつて牛丼《ぎゅうどん》チェーンが、大幅《おおはば》値下げに踏《ふ》み切《き》ったところ、お客が殺到《さっとう》。店が大混乱になってしまったことがあります。

ファストフードの店が期間限定でハンバーガーを値下げしたところ、期間中はお客が詰《つ》めかけ、大成功。ところが期間が終了した途端《とたん》にお客が激減。そこで、値下げ価格を継続《けいぞく》しましたが、お客はあまり増えませんでした。「期間限定」だからお客が大勢来たのであって、「いつでも安い」となると、焦《あせ》って来店することもない、と思ったお客が多かったのですね。

値下げをすると売れるようになるとは限りません。なかなか売れなかった化粧品《けしょうひん》の値段を高くしたところ、急に売れ出したという例がそれです。これは、高級ホテルのコーヒーと同じ原理ですね。値段が高くなったので、「高級化粧品」として人気を集めたのです。

円とドルの関係も需要と供給

日々の経済ニュースに登場する「一ドル○○円」という外国為替《かわせ》相場も、需要と供給の関係で取引価格が決まります。

ちなみに、「外国為替」とは、外国のお金と交換《こうかん》することです。「為替」とは、「替《か》えるを為《な》す」という意味で、両替《りょうがえ》のことです。たとえば、あなたがアメリカに行くことになり、銀行で円をドルに両替したとしましょう。すると銀行は、あなたから受け取った円をドルに替えようとします。こうした取引のことを「外国為替市場」と呼びます。市場は「しじょう」です。「いちば」ではありません。

どこかの場所に、円やドル、ユーロを売り買いする人たちが集まって取引しているわけではありません。みんなコンピューターで取引しています（一部は電話での取引も）。

あなたが円をドルに両替することを考えてみましょう。あなたは、「両替」したと思うはずですが、実は、「円を売ってドルを買った」ことになるのです。

アメリカ旅行で残ったドルを円に戻《もど》そうとすると、それは「ドルを売って円を買った」ことになるのです。

日本製商品が売れたから円高になった

戦後の日本は、自動車に代表されるような質のいい商品をたくさん製造して海外に輸出してきました。アメリカ人が日本の自動車を買うと、ドルで支払《しはら》いますね。日本の自動車会社は大量のドルを受け取ることになります。

しかし、自動車部品の会社への支払いや、社員の給料の支払いは円で行います。自動車会社は、ドルを円に替えなければなりません。これが、「円買いドル売り」です。

円の需要が高まり、ドルの需要が下がったのですから、円の価値が上がります。これが「円高」です。

戦後の日本が、多くの商品を輸出したことで、円の需要が高まり、円高になったのです。ここにも「需要と供給」の関係があるのですね。

求人と求職で給料の水準も決まる

働く人の給料の金額も、「需要と供給」が関係してきます。

仕事を求めている人が大勢いたら、社員を採用する会社には、安い給料でも応募者《おうぼしゃ》が殺到します。仕事を求めている人が大勢いるのは、景気が悪くて社員をクビにしたり、新規採用を中止したりする会社が多いときです。安い給料でもいいから、と仕事を求める人が殺到すると、多くの会社で、すでに働いている正社員の給料も下がるということになります。会社にすれば、社員に対して、「給料に不満があれば、いつ辞《や》めてもいいんだよ。もっと安い給料でも働きたいという人がいくらでもいるんだから」と言えるのですから。

一方、景気がよくて、どの会社も社員を大量に採用するようになりますと、事態は逆転します。仕事を求める人が減りますので、会社は社員の採用に苦労するようになります。給料を引き上げて、社員を確保しようとするのです。つまり、景気がよくなると、多くの会社で給料が上がるのです。

この場合、給料（労働賃金）を価格と考えると、求人数が需要で求職者数が供給ということになります。求人数と求職者数の関係で給料の金額が決まるのです。ここでも、「需要と供給」の関係が成立します。

労働組合は「過当競争」を防ぐ

社員の給料も「需要と供給」で決まるということは、社員にとっては、給料がいつ下がるかも知れないというリスクを抱《かか》え込《こ》むことになります。そのリスクを軽減するには、どうしたらいいでしょうか。そこに、労働組合の意味があります。

会社にとって、そこで働く人たちは社員ですが、労働組合にとっては、「労働者」ということになります。労働者は弱い立場にあります。個人が社長に向かって、「給料を上げてください」と頼《たの》みに行くのは、とても勇気のいることです。勇気を出して頼みに行ったら、「不満があるんだったら、辞めてもらっていいんだよ」と言われてしまうかも知れません。そうなると、労働者としては、文句を言わずに働こうということになります。労働条件が悪くなる恐《おそ》れがあるのです。

いわば、労働力という商品の供給側の過当競争が起きやすくなります。

そこで、過当競争を防ぐために、労働者が集まった組織が労働組合です。労働力という商品の供給側が団結して、「労働力は安売りしない」、あるいは、「労働力をもっと高く買え」と要求するのです。

労働者が団結して要求してくると、会社側としても、無視することはできなくなります。少しくらい景気が悪くなっても、給料を引き下げることができなくなります。

これが労働組合の意味です。ここにも「需要と供給」の関係があるのです。

この本の「はじめに」で、需要（買いたい人の数）と供給（売りたい人の数）で値段が決まる仕組みを「市場」と言うと説明しました。労働者の給料（賃金）が決まるのは、労働市場ということになります。

労働市場で決定された給料は、いわば社員（労働者）の労働の「市場価格」です。

「見えざる手」が経済を動かす

スーパーマーケットの生鮮食料品が買いやすい価格になっているのは、「需要と供給」の関係で決まった市場価格だからです。

「市場価格」というのは、その値段で商品の売買が行われているわけですから、商品を買う側にすれば、「買いやすい値段」ということになります。

しかし、商品が買いやすい値段になっているのは、お客のために売る人が損をしているわけではありませんね。「この値段なら売れるだろう」と考えて値段をつけているにすぎません。スーパーの人は、できればキャベツを一個五〇〇円で売りたいかも知れませんが、それでは誰《だれ》も買ってくれず、損をしてしまいます。そこで、利益の幅を小さくして、一個一五〇円や一三〇円で数を多く売ることにしているのです。

つまり、できるだけ多くもうけようと考えてつけた価格が、結果として「買いやすい値段」になるのです。

自分の利益を考えて行動すると、それが結果的に、他人の利益にもなる。

この関係が成立することを、「経済学の創始者」と言われるイギリス人のアダム・スミスは、一七七六年に刊行した『国富論《こくふろん》』という書物の中で、「見えざる手」という表現を使って説明しました。

「生産物の価値がもっとも高くなるように労働を振《ふ》り向《む》けるのは、自分の利益を増やすことを意図しているからにすぎない。だがそれによって、その他の多くの場合と同じように、見えざる手に導かれて、自分がまったく意図していなかった目的を達成する動きを促進《そくしん》することになる。」（アダム・スミス著、山岡洋一訳『国富論』）

「社会のために」と考えて働く人たちもいます。しかし、誰もが崇高《すうこう》な目的を持って働いているわけではありません。

売れる商品を作っている人は、その商品を作ることによって自分がもうかるから、一生懸命《いっしょうけんめい》働きます。でも、その商品を買って、便利になったと喜ぶ人がいます。

多くの人が、とりあえずは自分の利益が最大になるように働いているはずです。それ

イギリスで使われている20ポンド紙幣には、経済学の祖アダム・スミスの肖像が（写真提供＝共同通信社）

が結果として、社会全体のためになっている。スミスは、そんな経済の仕組みを指摘《してき》したのです。

アダム・スミスの「見えざる手」という表現は、この本ですっかり有名になりましたが、実際にアダム・スミスがこの言葉を使っているのは一か所だけなのです。

これ以来、「神の見えざる手」という表現もよく聞かれるようになりました。アダム・スミスは『国富論』の中では、単に「見えざる手」と言っていますが、この指摘が、「神の見えざる手」とも表現されるようになったのです。

私たちが利己主義の動機に動かされて働くことが、結果的には社会全体のためになる。そんな不思議な仕組みが、「神の御業《みわざ》」に見えるのでしょうね。

競争することで経済が効率化する

たとえば携帯《けいたい》電話を製造するのに、プラスチックが五〇〇グラム必要だったとしましょう。これでは製造費がかかりすぎるということで、メーカーが必死に改良して、五〇グラムですむようにしたとしましょう。メーカーは、これで四五〇グラムものプラスチックを節約することができました。それだけ製造原価が安くなり、メーカーはもうかります。

しかし同時に、携帯電話一個につき、それだけのプラスチックが減るわけですから、社会全体としてみれば、大量の無駄《むだ》が省けたことになります。

激しい競争が繰《く》り広《ひろ》げられることで、資源の無駄づかいが減る。これこそ、アダム・スミスが指摘した通りのことが起きているのです。

競争することでサービスが向上する

激しい競争でサービスが向上する。その典型的な例が、宅配便です。私が小学生の頃《ころ》ですから、一九六〇年代のことです。親に言われて、近所の郵便局に小包を出しに行くことがありましたが、これがとても憂鬱《ゆううつ》でした。郵便局の窓口で叱《しか》られることがよくあったからです。

当時の郵便小包は、郵便局が指定した荷造りの方法があって、その通りにヒモをかけていないと、包み直すように怒《おこ》られたのです。いまではとても考えられませんね。

当時、荷物を送るには、郵便局の小包か、国鉄（日本国有鉄道・いまは地域ごとのＪＲという民間の会社になっている）の鉄道荷物として出すしかありませんでした。自宅の近所にあるのは郵便局だけ。つまり、日本国民のほとんどは、郵便小包で送るしか方法がなかったのです。郵便局には競争相手がいませんでしたから、職員の態度が大きくなり、窓口でお客さんが叱られている光景は、ごく当たり前だったのです。

しかし、民間企業《きぎょう》が宅配便を始めたことで、郵便局のサービスは大きく変わりました。

これまで郵便小包を出していた人たちが、サービスのいい宅配便を利用するようになり、郵便局のお客が減り始めたからです。

宅配便の会社は何社も登場し、互いに競争します。その結果、冷蔵のまま送ることができるなど、サービスが一段とよくなりました。配達時間まで指定できるようになったのですから、競争のなかった昔を知る私としては、びっくりです。

商品やサービスの供給側の競争は、お客にとって、うれしいことが多いのです。

しかし、こうした「見えざる手」が働くのは「完全競争市場」だけなのです。競争が十分に起きない市場では、サービスはなかなかよくなりません。

タクシー業界はサービスが悪かった

その例としては、タクシー業界があります。いまはずいぶん変わりましたが、以前は、地域によってタクシーの料金は同じと定められていました。どのタクシーに乗っても料金が同じであれば、タクシー会社やタクシーの運転手が、「他のタクシー会社に負けないように」とサービスを向上させる動きは鈍《にぶ》くなります。

タクシーの運転手個人にはいい人が多いのですが、お客のことを考えたサービスがなかなか生まれません。海外では、大きな荷物を持っていると、タクシーの運転手は運転席から出てきて荷物をトランクに入れてくれますが、日本では、お客が大きな荷物を持っていても、運転手は知らん顔。お客がトランクを開けるように頼んでようやく開けるものの、運転手は運転席に座《すわ》ったまま、お客の手伝いをしようとはしません。

ツエをついたお年寄りが乗ろうとしても、手伝うこともない。こんな状態が長く続いてきたのです。

これは、「同一地域同一運賃」制が続いていたからです。また、新しくタクシー会社を始めるという「新規参入」が認められなかったため、タクシー会社同士の競争が起こらず、サービスが悪かったのです。

こうした「同一地域同一運賃」制を緩和《かんわ》したり、「新規参入」を認めたりしたことで、最近のタクシー業界は劇的にサービスが向上しました。

ただ、その分、タクシー同士の競争が激しくなり、タクシー運転手の労働条件が悪化するという、別の問題を引き起こしていることも事実です。こうした問題に関しては、また別の章で考えましょう。

銀行員の給料はなぜ高い？

一九八〇年代の終わり頃まで、銀行員の給料はとても高いことで有名でした。ここでも、「市場の完全競争」が行われず、「需要と供給」の関係が働いていなかったからです。この場合の「市場」とは、銀行業界の「労働市場」のことです。銀行という金融業が規制で守られていたからです。

銀行が倒産《とうさん》すると、銀行に預金していた人たちは困ります。他の銀行に預金している人たちも、「あの銀行が倒産したのなら、私がお金を預けている銀行は大丈夫《だいじょうぶ》かしら」と心配するようになり、パニックが発生する恐れがあります。それを避《さ》けるため、第二次世界大戦後、日本の大蔵省《おおくらしょう》（いまの財務省と金融庁《きんゆうちょう》）は、銀行が倒産しないように、厳しい規制をとっていました。

銀行同士が激しい競争をすると、競争に負けた銀行が倒産する恐れがあります。そこで、競争しないようにしたのです。銀行がお客から預かる預金につける金利はどの銀行も同じ。支店を次々に開設すると競争が激しくなるので、大蔵省が許可しないと開店できませんでした。

こうなると、銀行はあまり努力をしないでも利益が上がるようになります。競争がないことによって「適正な基準」以上の利益が出ることを「超過利潤《ちょうかりじゅん》」といいますが、銀行は超過利潤を出していたのです。その結果、行員の給料は高くなり、行員のための福利厚生施設《しせつ》も充実《じゅうじつ》しました。

銀行をもうけさせていた大蔵省の幹部は、退職後、銀行に天下《あまくだ》りします。銀行の幹部となって、高い給料をもらえたのです。

こうなると、銀行員の給料が高いことは、大蔵省の役人にとってもいいことになります。

ところが、一九九〇年代後半になりますと、日本の金融業界でも、欧米《おうべい》のように競争が始まり、さまざまな規制が廃止《はいし》されて、海外の金融会社が日本に進出するようになりました。

その頃、日本経済の景気が悪くなったこともあり、銀行が次々につぶれるという事態に発展しました。銀行は、生き残りに必死になり、行員の給料を下げ、福利厚生施設（保養所や野球場など）を売却《ばいきゃく》しました。銀行員の給料は、大きく下がったのです。

ただし、金融業界はいまでも「新規参入」がむずかしい業界です。次々に新しい銀行が誕生するという競争が起こりにくいため、日本経済の回復とともに、銀行員の給料は再び高くなり始めています。

もちろんお客さんのためになる仕事を一生懸命しているのなら、悪いことではありません。お客へのサービスが悪いまま、自分たちの給料を上げるだけでは批判を受けますよ、と言いたいのです。

放送局の正社員の給料はなぜ高い？

銀行員の給料が再び高くなるにつれて、大学生の就職人気ランキングで、銀行が再び上位にくるようになりました。

大学生の就職人気といえば、民放（民間放送局）も常に上位にいます。放送局というと、華《はな》やかなイメージがありますし（実態は違うけれど）、社員の給料が高いことでも有名です。

では、日本の放送局の正社員の給料はどうして高いのでしょうか。これも、銀行と同じような事情からです。

放送というのは、電波を使う業界です。放送に使える電波の周波数は限られています。そこで電波行政を担当する総務省（以前は郵政省）が、限られた放送局に「放送免許《めんきょ》」を与えています。放送免許がなければ、放送の仕事ができないのです。このため、放送業界には新規参入がむずかしくなり、競争が制限されることで、「超過利潤」が発生します。それで正社員の給料が高いのです。

ただし、放送局の中で一緒《いっしょ》に働いている下請けプロダクションの社員の給料はびっくりするほど低いのが現実です。下請《したう》けプロダクションの設立には免許が必要ありませんから、新規参入が多く、激しい競争が起きているのです。

放送業界で働きたいと希望する若者は多く、放送局の正社員になれない若者たちは、「好きな仕事ができるなら給料が安くてもいい」と考え、下請けプロダクションに就職します。この「労働市場」では、「需要と供給」の関係が働き、労働という供給者が多いことで、給料という価格は低下するのです。

しかし、もし放送業界への新規参入が簡単になれば、こういう若者を正社員として採用しようという放送局がどんどん登場するでしょう。そうなれば、放送局同士の競争が激化して、放送局の正社員の給料も次第に下がるはずです。

放送業界が放送免許という規制に守られ、新規参入がむずかしくなっていることにより、正社員の高い収入が保障されているのです。

ただ、衛星放送が始まり、ケーブルテレビや、インターネットでもさまざまな放送を見られるようになってきたことで、事情は大きく変わってきました。

インターネットで放送することは、電波を使うわけではありませんから、放送免許が必要ありません。誰でも放送を発信できるようになります。パソコンでテレビを見る人も増えてきましたから、パソコンを見る人は、それが電波を使った放送なのか、インターネット放送なのかは関係ありません。

こうして激しい競争になれば、やがて「超過利潤」は解消するでしょう。つまり、もうけ過ぎがなくなることで、正社員の給料も、次第に一般《いっぱん》の会社並みになっていくはずなのです。

電話料金は劇的に値下がりした

供給側の競争がお客にとっていい結果をもたらす例としては、電話料金があります。

以前の日本では、国内の電話は日本電信電話公社（電電公社）が独占《どくせん》していました。しかし、電電公社が民営化されてNTTになり、他の民間会社も電話事業に参入できるようになったことで、国内の電話料金は劇的に下がりました。

電話会社同士の競争が激しくなることで、続いて登場した携帯電話のサービスも向上しました。競争が社会にとってプラスに働くことを、国民が実感したのです。

ただし、自由競争が激しく行われると、中には競争に敗れて消えていく会社が出てくることもあるでしょう。競争する会社が少ない状態を「寡占《かせん》」といいます。「寡」は少ない、「占」は一人占《じ》めという意味です。

さらに、競争相手がみな敗れ、一社だけになってしまった状態を「独占」といいます。自由競争は、寡占や独占を生み出す可能性があるのです。競争相手が少なくなると、寡占状態の会社や、独占会社は、前のようなサービスをしなくなる可能性があります。商品やサービスの値下げ競争もやめ、逆に値上げしてくるかも知れません。

競争は、一般論としてはいいことなのですが、その結果、寡占や独占になると、かえってお客にとってマイナスの事態になることがあるのですね。

そこで国としては、競争がフェアに行われるようにしたり、独占企業が勝手なことをしないようにしたりするため、法律で規制することになります。これが独占禁止法です。なるべく規制をなくし、自由な競争を実現することが、私たちにとって利点となりますが、競争の行き過ぎを防ぐために、規制が必要になる場合もあるのです。

第2章　ただの「紙」がなぜお金なの？

ただの「紙」がなぜお金なの？

経済を考えるとき、とても不思議なことがあります。それは、お札です。お札のお金は、考えてみると、ただの紙ですね。なのに、私たちは、お金として使っています。どうしてなのでしょうか。

それは、みんなが「お金」だと考えているからなのです。

これは、ずいぶんと変な話ですね。お金がなぜお金かといえば、みんながお金だと考えているから。こんな説明は論理的ではないように思えますが、これが答えなのです。どうして、そんなことになったのか。まずは、お金の誕生の歴史から見ていくことにしましょう。

私たちは「分業」で豊かになった

第1章で見たように、さまざまな商品は、「需要と供給《じゅよう》」の関係で値段が決まっています。片方に「需要」があると、もう片方に「供給」がある。そこには、「買う人」と「作る人」という役割分担が存在します。

つまり、一人がすべてを製造するのではなく、人々が分業してさまざまな商品を作り、それを「交換《こうかん》」しています。「需要と供給」は、分業・交換を前提にしているのです。

たとえば大昔、海岸に住む漁師と、山で猟師《りょうし》をしている人がいたと考えてみましょう。漁師は、毎日魚を獲《と》って食べています。でも、たまには、魚以外のものも食べたくなるでしょう。山で獲れたイノシシの肉を食べたくなったとします。

一方、山の猟師も、いつも動物の肉ばかりでは飽《あ》きてきます。魚も食べたくなるでしょう。こういうとき、互《たが》いに魚と肉を持ち寄って物々交換をすれば、互いにとって幸福です。漁師は漁の専門家、猟師は狩《か》りの専門家です。漁師が魚もイノシシも獲るより、互いに自分の得意な分野の仕事をして、獲物《えもの》を交換した方が、ずっと効率がよくなります。

これが分業であり、交換です。私たちは、分業と交換をすることで、すべてを一人で担当するより、ずっと豊かになることができたのです。

あなたの日常生活のことを考えてみましょう。あなたが着ている服、はいている靴《くつ》、食べている食べ物。これをみんな自分一人で作るとしたら、大変です。毎日毎日、食べ物を探し、調理し、服を修理し、ということをやっていたら、他のことは何もできなくなります。分業して出来たものを交換することで、私たちはゆとりある暮らしができているのです。

分業や交換をする能力のない動物たちが、日々の食べ物を追い求めている様子を見れば、人間がなぜ豊かな生活ができるようになったかがわかります。

物々《ぶつぶつ》交換からお金が発明された

交換することによって私たちは豊かになることができたのですが、大昔の物々交換は、実はとても大変なことだったのです。

魚を持っている漁師が、イノシシの肉を持っている猟師と、魚と肉を交換することを想像してみてください。魚を肉に交換したいと思っている漁師がいても、「肉を魚に交換したい」と思っている猟師に出会うことは、なかなかあることではありません。

そもそも二人がバッタリ出会う偶然《ぐうぜん》は考えられませんし、たまたま肉を持っている猟師と会えたとしても、猟師は肉を果物《くだもの》と交換したいと思っているかも知れないからです。

そこで、物々交換したい人たちが、広場に集まってくるようになります。これが市《いち》の始まりです。

市に行けば、物々交換したいと思っている人たちに会えます。

しかし、魚を持っている人が、肉を持っている人を探しているうちに、魚が腐《くさ》ってしまうかも知れませんね。とりあえず長持ちするものに替《か》えておいた方がいいということになります。その長持ちするものは、みんなが欲《ほ》しがるものがいいですね。それに交換しておけば、いつでも他のものと再び交換することができるからです。

こうして、「みんなが欲しがり、長持ちするもの」が選ばれます。これが、「お金」です。お金とは、交換の仲立ちをするものなのです。

貝から金や銀に

長持ちするものとしては、どんなものがいいでしょうか。古代の中国では、貝が使われました。海から離《はな》れた内陸部では、きれいな貝を簡単に手に入れることはできません。貴重なのですね。そこで、この貴重な貝がお金の働きをするようになりました。

人々は、自分が作ったものをいったん貝に換《か》え、この貝で、欲しいものと交換するのです。貝がお金として使われていた証拠《しょうこ》が、私たちが使っている漢字に残っています。漢字は中国から伝わりました。お金に関する漢字には、「貝」が使われているのです。

買、貴、貯、財、資、貧など、みんな「貝」という文字が入っているでしょう。

しかし、やがて金や銀、銅などの金属がお金として使われるようになりました。金属なら落としても壊《こわ》れませんし、腐ることもありません。熱を加えれば加工も簡単です。持ち運びにも便利です。

金、銀、銅の中では、やはり見た目が美しい金がよく使われるようになっていきました。金貨の誕生です。

金、銀からお札が生まれた

金や銀は、熱して鋳型《いがた》に入れることで、自由な形にすることができるので、いろいろな大きさの金貨や銀貨に加工することができます。この結果、世界各地で、金貨や銀貨が使われるようになりました。

他人が欲しがるものを製造したり、獲ってきたりすることで、金貨や銀貨に替える。すると、その金貨や銀貨を使って、自分が欲しいものと交換できる。

お金が生まれたことで、私たちは分業ができるようになり、欲しいものと交換することで、豊かな暮らしを実現するようになったのです。同時に、「需要と供給」の関係が成立しました。

アダム・スミスが指摘《してき》した「見えざる手」の働きも生まれたのです。

ところが、商取引が活発になり、大金が動くようになりますと、金貨や銀貨では不便になってきます。高い商品を買うときには、金貨を大量に運ばなければならないからです。一人では運べない重さになるかも知れません。ガチャガチャ音がする重い金貨を大量に運んでいると、途中で強盗《ごうとう》に襲《おそ》われる危険もあります。そこで、お金持ちの両替《りょうがえ》商《しょう》に金貨を預け、代わりに「預かり証」を発行してもらう、という方法が生まれました。

商取引の際には、金貨を渡《わた》さずに、預かり証を渡すのです。預かり証を受け取った人は、それを両替商に持っていけば、預かり証に書かれている金額の金貨を受け取ることができます。

預かり証なら畳《たた》んでしまうことができますから、一人で運べますし、強盗にも気づかれることがありません。

両替商はお金持ちですから、「預かり証を持っていけば、必ず金貨と交換してもらえる」という信用があります。両替商に対する信用によって、預かり証が、金貨の代わりに使われるようになるのです。これが、お札の誕生です。

お札を発行する銀行が生まれた

この「預かり証」を発行する両替商が、やがて銀行に発展しました。

各地に銀行がいくつも生まれました。それぞれの銀行には、金貨が大量に保管してありましたから、「この紙幣《しへい》を持ってくれば、いつでも同じ金額の金と交換できる」と書かれた紙幣を発行しました。

人々は、その紙幣を、金《きん》と同じ価値を持つものと信じて使っていたのです。

ところが、やがて、悪いことを考える銀行が出てきます。実際に持っている金の量より多く紙幣を発行する銀行が出てきたのです。自分で勝手に紙幣を発行することで、もうけようと考えたのですね。

その結果、その銀行がある地方では、紙幣が大量に出回るようになります。紙幣が急に増えると、その紙幣に対する信用がなくなってきます。人々は、「この紙幣、本当に金と交換できるんだろうか。交換できなくなる前に金に交換しておこう」という行動に出ました。銀行に、その銀行が発行した紙幣を持った人々が押《お》し寄《よ》せ、金との交換を要求したのです。

こうなると、この銀行は困ります。人々の要求に応《こた》えて交換できるほどの金を持っていないのですから。こうして、この銀行はつぶれてしまいました。そうなると、他の地域の人たちも不安になり、それぞれ紙幣を発行している銀行に押しかけることになります。

こうした混乱が起きたことで、日本の場合、「紙幣を発行できる銀行」を一つだけに決めることにしました。これが、日本銀行の誕生です。一八八二（明治一五）年のことでした。

世界には、ひとつの国の中で複数の銀行がお札を発行しているところもありますが、多くは、ひとつの銀行だけです。紙幣を発行できる銀行のことを「中央銀行」といいます。日本銀行は、日本の中央銀行なのです。

あなたが持っているお札を見てください。「日本銀行券」と書いてあるでしょう。日本銀行が発行したものだからです。

金本位制でなくなった

最初は日本銀行が発行したお札にも、「同じ金額の金と交換する」と印刷してありました。人々は、日本銀行の地下の大金庫に大量の金があることを信用して、日本銀行券を使っていたのです。

金がすべての中心になる、という意味で、この制度は「金本位制度」と呼ばれます。

しかし、やがて不都合なことが出てきます。

経済が発展し、人々が活発に商取引を行うようになると、そのための紙幣が大量に必要になってきます。ところが日本銀行は、地下金庫に保管している金の分しか紙幣を発行できません。経済の発展に必要なだけの紙幣が発行できなくなってしまったのです。

そこで日本政府は、日本銀行が発行する紙幣は、持っている金の量にこだわることなく発行していい、という方針を打ち出しました。一九三二（昭和七）年のことです。

これによって、金本位制ではなくなり、紙幣には金の裏づけがなくなったのです。ただの「紙」になったのですね。

でも、人々は、これまで通りに日本銀行券を使い続けました。これがお金だと信用していたからです。つまり私たちは、「日本銀行券」と書かれたものを「お金」と信用しているから、お金として使い続けているのです。

ただ、人々が信用しなくなって受け取りを拒否《きょひ》するようになるといけませんから、法律で、「日本銀行券はお金として受け取らなくてはいけない」と定めています。

銀行は大事な役目をする

紙幣を発行できるのは日本銀行だけになりましたが、その他の銀行も、人々からお金を預かり、それを他の人に貸すという仕事を続けました。こうした仕事を「金融《きんゆう》」といいます。「お金を融通する」からです。

世の中には、「お金を持っているけれど、とりあえず使う予定がない」という人がいます。その一方で、「新しい仕事を始めたいけれど、そのためのお金が不足している」という人や会社もあります。この両方をつなぐ役割を果たしているのが金融機関なのです。お金が余っている所から、お金が足りない所へお金を流す仕事です。これにより、経済が発展するのです。

お金を持っている人は、そのお金を大事に保管して、できれば増やしたいと考えています。でも、どこかの会社にお金を貸したら、その会社が倒産《とうさん》して、貸したお金が返ってこなくなるかも知れませんね。そこで、お金を貸しても大丈夫《だいじょうぶ》かどうか判断できるプロの銀行にお金を預けるのです。

お金を借りたい会社も、お金を貸してくれる人たちを自分で見つけるのは大変です。銀行に頼《たの》めば、お金を貸してくれるというわけです。

ただし、銀行が会社に貸すお金は、預金者から預かったお金です。返してもらえなくなったら大変。そこで銀行は、「お金を貸してほしい」という会社について詳《くわ》しく調べます。これを審査《しんさ》といいます。その結果、大丈夫と判断した会社にお金を貸すのです。

その際、銀行は、お金を貸した会社から「利子」を取ります。お金を貸したお礼ですね。多くの会社から利子を受け取っておけば、中にはお金が返せずに倒産する会社が出ても、その会社に貸したお金以上の収入がありますから、銀行はつぶれないで済むのです。

その一方、銀行は、お金を預けてくれた預金者には利子を払《はら》います。利子を払うからこそ、預金者はお金を預けてくれるのです。銀行は、会社から受け取る利子より少ない金額の利子を預金者に払います。差額が銀行の収入になります。

銀行は「信用創造」をする

銀行には、他にも大事な役割があります。「信用創造」です。

たとえば、Aという人が一億円を銀行に預けたとしましょう。銀行は、その一億円を大事に金庫に保管しておくわけではありません。預金者がお金を引き出しに来ることを考えて、一部は金庫に保管しますが、残りの大半を、別の会社に貸し出します。

預かった一億円のうち、二〇〇〇万円を金庫に保管し、八〇〇〇万円をBという会社に貸したとしましょう。B社は、そのお金でC社から商品を買います。

C社は、受け取った八〇〇〇万円を銀行に預けます。これで、銀行が預かっている金額は一億八〇〇〇万円になりましたね。

銀行は、新たに預かった八〇〇〇万円のうち、二〇〇〇万円を金庫に保管し、残りの六〇〇〇万円をD社に貸します。D社は、そのお金でE社から商品を買います。E社は、受け取った六〇〇〇万円を銀行に預けます。

銀行には、合計で二億四〇〇〇万円の預金があることになります。

このように銀行は、預かったお金を貸し出すことで、銀行に預かるお金の金額を増やしていきます。それだけ世の中のお金を増やしていることになるのです。「銀行にお金がある」という「信用」を新たに創造しているのですね。

しかし、銀行の金庫に実際にそれだけのお金が保管してあるわけではありませんから、もし預金者が一斉《いっせい》に銀行に預金を引き出しに押しかけたら、銀行はつぶれてしまいます。でも、私たちは銀行など金融機関を信用していますから、預金を預けたままにしています。まさに「信用」によって成り立っているのです。

利子で経済が発展した

新しく仕事をしようという会社は、銀行から資金を借りて、利子を払います。資金を借りて新しい仕事を始めた以上、会社としては、利益が出ないと大変です。銀行から借りた利子が払えなくなるからです。会社としては、自分たちの利益プラス利子分まで稼《かせ》がなくてはなりません。

こうして会社が一生懸命《いっしょうけんめい》に仕事をすることによって、経済は発展します。このため

【図解】銀行における信用創造とは？

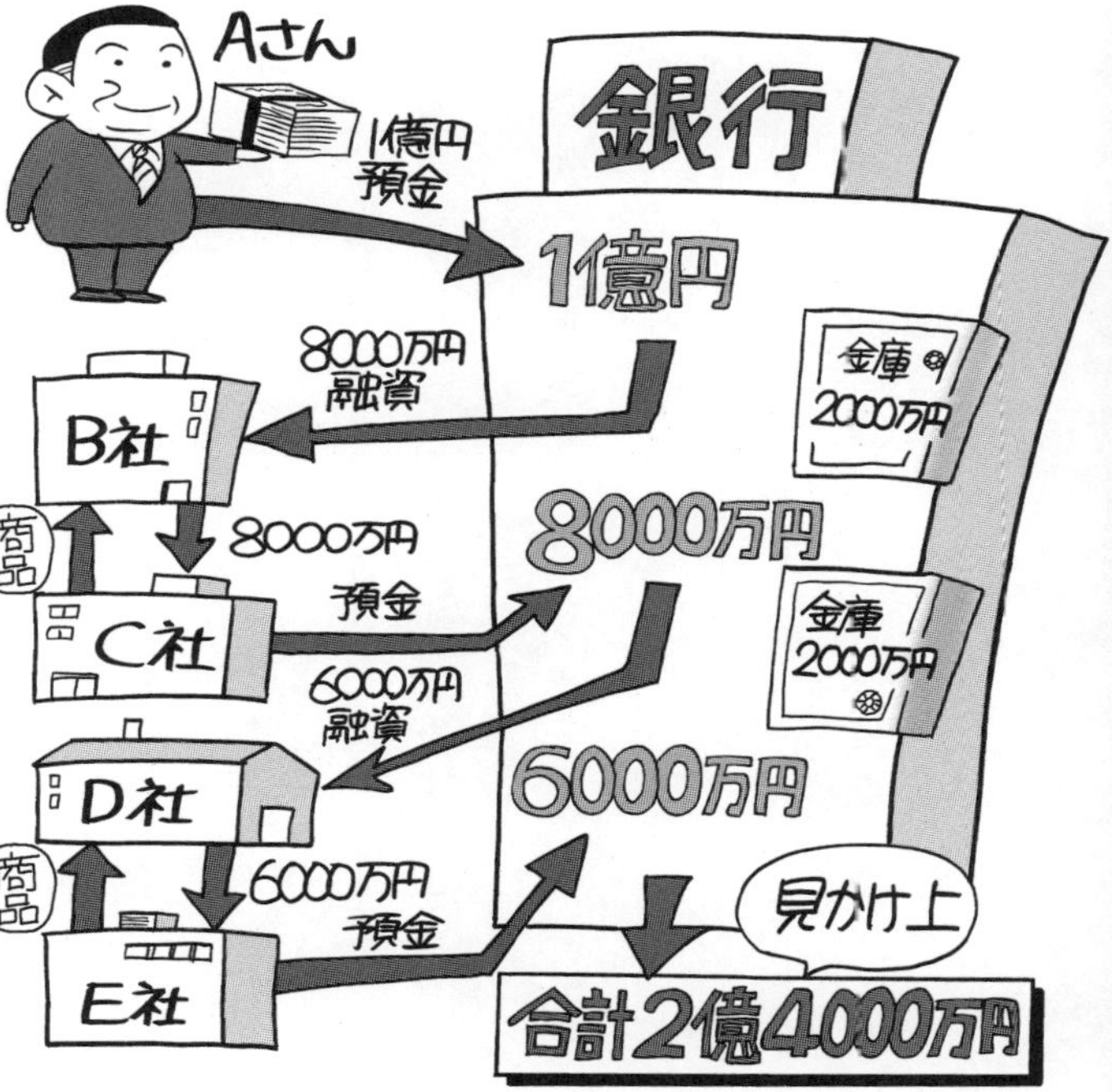

「利子は経済発展の原動力」と呼ばれるのです。

貸したお金の金額に対する利子の割合を「金利」といいます。この金利も、「需要と供給」の関係で決まります。銀行から資金を借りたい人が大勢いれば、「利子の値段」である金利は高くなります。

一方、資金を借りたい会社があまりなければ、利子の収入を稼いでいる銀行としては、何とか資金を借りてもらえるように、「利子の値段」を下げます。つまり金利が低くなるのです。

経済が発展して、「新しく仕事を始めよう」という会社が多くなれば、金利は上昇《じょうしょう》します。景気が悪く、「しばらく新しい仕事を始めるのは見合わせよう」という会社が多ければ、金利は下がります。

金利は、いわば「景気の温度計」のような役割を果たすのですね。

第3章　「紙」が「神」になった？

お金が生まれ、格差も生まれた

物々交換《こうかん》から、やがて仲介役《ちゅうかいやく》として、金貨や銀貨などの長持ちするものがお金になったことで、富を蓄積《ちくせき》することができるようになりました。

物々交換の時代ですと、魚にしても肉にしても、長持ちしません。塩漬《しおづ》けなどの方法で保存しても限界があります。多額の富を蓄《たくわ》えるということは無理だったのです。

ところが、何でも買うことができる金貨や銀貨が生まれますと、金貨や銀貨は、いくらでも貯《た》めておくことができます。富を蓄積することができるようになったのです。こうして、「大金持ち」が誕生します。富を蓄える金持ちと、富を貯めることのできない貧しい人たちとの間に格差が生まれるようになるのです。

お金の誕生によって、貧富の差、格差もまた生まれたのです。

お金が自己増殖《ぞうしょく》する

富を蓄えることができないと、いつまで経《た》っても貧しいままですが、いったん富を蓄えると、その富が、まるで自分自身で増えていくかのような動きが生まれます。貨幣《かへい》の自己増殖です。

この様子を、「お金は寂《さび》しがり屋だから、仲間が少ないと、仲間が多い所へ逃《に》げていく」と表現する人もいます。

金持ちは、蓄えた富を有効に使って、さらに増やそうと考えます。富つまり資金を他人に貸して利子を取り、資金を増やしていくのです。

お金を貸す側に回ると、自分があくせく働かなくても、お金が「働いて」くれて、利子が入ってきます。

利子が入って資金が増えると、その資金をまた貸し出し、お金はどんどん増えていきます。

自分の資金で新しい事業を始める人もいるでしょう。事業が成功すれば、多額のもうけが入ってきます。

もちろん事業には危険がつきもの。失敗すれば資金は戻《もど》ってきません。資金を持っていなかったり、少ししか持っていなかったりすると、危険で事業を始めることはできません。でも、多額の資金を持っている人は、少しくらいの危険（リスク）は承知で資金を動かすことができます。その結果、成功のチャンスも大きくなるのです。

お金集めが自己目的化することも

お金があると、いろいろなものが買える。他人が買えないものでも、自分は買える。なんだか自分がえらくなってしまったように勘違《かんちが》いをする人も出てきます。

お金というのは、本来は交換手段。お金で何を買うかが問題なのですが、お金それ自体をせっせと集めて貯めることが目的になってしまう人も出てくるのです。

金庫に紙幣《しへい》の束が増えていくのを見ては喜んだり、銀行の預金通帳の金額が大きくなっていくのを楽しみにしたり。その人にとって、お金は神様になってしまいます。単なる「紙」のお金が、「神」になってしまうのです。お金をさらに増やすために働く姿は、まるで「お金という神」に命令されているようにすら見えてきます。

これでは本末転倒《てんとう》ですね。何のためにお金があるのかわからなくなってしまっています。これが、お金の怖《こわ》いところなのです。

お金が景気循環《じゅんかん》を作り出す

お金持ちは、自分が持っているお金をさらに増やそうとして、新しい事業を始めることがあります。新商品を開発して、売り出します。この商品が売れてもうけが出たら、もっともうけようという気になり、さらに資金を投入し、商品を大量に売るでしょう。

この商品が売れれば、その部品を製造している会社ももうかります。新しく人を雇《やと》い、新工場を建設して、大々的に製造を開始します。

そうなると、部品の原料を製造している会社ももうかり、同じように製造を拡大します。

こうして、お金がもうかる会社が増えると、社員の給料も上がりますから、人々は、これまで以上に買い物をするようになり、商品がますます売れていきます。

こういう状態を、「景気がいい」と呼びます。専門用語では「好況《こうきょう》」といいます。

しかし、いいことはいつまでも続くものではありません。ある商品が売れるようになると、ライバル企業《きぎょう》も、同じような商品を開発して売り出します。似たような商品が多数売り出されれば、やがて売れ残りが出るようになります。需要《じゅよう》より供給が多くなるからです。

いくら製造しても売れなくなったら、新工場の建設費用が払《はら》えなくなります。多数採用した社員への給料支払いもむずかしくなります。会社の倒産《とうさん》が相次ぐようになるのです。経済全体が、「景気が悪い」状態です。「不況」ともいいます。

もし、この不況が急激にやってきて、深刻な状態になると、「恐慌《きょうこう》」と呼びます。みんなが恐《こわ》がり慌《あわ》てる様子が漢字からわかりますね。

しかし、悪いことも長続きはしません。ライバル企業が倒産してしまうと、生き残った会社の製造する商品は、また売れ始めます。供給が需要に見合うようになり、景気はゆっくりと回復に向かうのです。

景気が良くなったり悪くなったりする様子を、「景気循環」と呼びます。まるで海の波のように、景気は高くなったり低くなったりしているのです。

こんな景気循環が起きるのも、「もっともうけよう」という人々の行動が原因です。ここにも「見えざる手」が働いています。

インフレとデフレ

景気が良くて商品が大量に売れると、商品の部品や材料に対する需要が大きくなります。需要があまりに多くなると、製造が追いつかなくなります。そうなると、「需要と供給」の関係で、部品や材料の値段が上がり始めます。それはやがて商品価格にも跳《は》ね返《かえ》ります。いろいろな商品の値段が上がるのです。こういう状態を「インフレ」といいます。インフレとは、英語の「インフレーション」の略で、「膨張《ぼうちょう》する」という意味です。あらゆる商品の値段が上がり、経済全体が膨《ふく》れ上《あ》がっていく様子を示しています。

インフレになると、これまでの金額では買えない商品が増えてきますから、それだけお金の価値が下がってしまうのです。

一方、景気が悪くなりますと、商品が売れなくなりますから、なんとか買ってもらうために、商品の値段を下げることになります。商品の値段を下げるためには、その部品や材料の値段も下げる必要があります。

こうして、あらゆるものの値段が下がっていくようになります。これが「デフレ」です。「デフレーション」の略で、「収縮する」という意味です。商品の値段が下がり、経済全体が小さくなっていく様子を示す言葉です。

熱狂的《ねっきょうてき》なバブルが生まれる

景気が良くなったり悪くなったりを繰《く》り返《かえ》しているうちに、景気が「良くなりすぎる」ことが起きます。これが「バブル」です。バブルとは泡《あわ》のこと。シャボン玉などの泡は、簡単に消えてしまいますね。吹《ふ》けば飛ぶように、あっという間に消えてしまう好景気のことなので、こう呼びます。バブル(好景気)が消えてしまうことを、「バブルがはじける」と言います。

一六三〇年代のオランダでは、「チューリップ・バブル」が発生しました。この頃《ころ》オランダでは、チューリップの品種改良が進み、美しい花を咲《さ》かせるチューリップが次々に生まれ、ブームが発生しました。

美しい花を咲かせるチューリップの球根は人気になり、高い値段で売れます。それを買った人は、さらに高い値段で売ろうとします。たとえ高い値段でも、「まもなくもっと高く売れる」と思う人がいれば、買ってくれるのです。

こうして、小さな球根一個に、馬車が買えてしまうくらいの値段がつきました。いまなら高級自動車が買える値段でしょうか。

しかし、やがて値段が高くなりすぎ、誰《だれ》も買えない値段になってしまいます。そのとき、みんなはふと気づくのです。「こんなチューリップの球根一個に高い値段がつくなんて異常なことだ」と。

みんながそう思ってしまえば、ブームは終わり。「チューリップ・バブル」ははじけてしまい、高い金でチューリップの球根を買い占《し》めた人たちは破産してしまったのです。

日本でも、同じようなことが起きました。「土地バブル」です。一九八〇年代、日本の大都市の土地の値段はどんどん上がりました。土地の値段が高くなるので、土地を担保にして資金を借り、さらに土地を買うという人たちが激増しました。

1630年代オランダ
チューリップ買い占め
銀行
$
チューリップバブル
破たん
チューリップ下落
1980年代日本
お金をどんどん貸します
土地を買い占める!
銀行
担保
土地バブル
破たん
回収不能
ぺしゃ
地価下落

「担保」とは、「お金が返せなくなったら渡します」と約束する財産のこと。「借りたお金が返せなくなったら土地を差し上げます」と銀行に約束して、資金を借りたのです。土地の値段がどんどん値上がりしていましたから、銀行も土地を担保にすれば気軽にお金を貸してくれました。「返してもらえなくなったら、土地を取り上げて売れば資金が回収できる」と考えたのです。

でも、土地だって、値上がりしすぎれば、売れなくなります。買い手がなくなったら、土地の値段が下がります。地価が暴落して、バブルが消えてしまったのです。倒産した会社や破産した個人が相次ぎました。オランダと同じようなことが起きたのです。

バブルは、バブルがはじけて初めて「バブルだったんだ」と気づきます。人間は、こんな愚《おろ》かなことを繰り返してきたのです。

お金が「商品」になる

土地バブルの様子を見ると、土地も商品として取引されていたことがわかりますね。

私たちが暮らしている資本主義経済の下《もと》では、あらゆるものが商品になる可能性があるのです。かつて、「愛だって金で買える」と豪語《ごうご》した人がいます。さて、愛は金で買えるのか。これは、あなたが考えてくださいね。

愛はともかく、お金ですら「商品」になるのです。外国為替《かわせ》のことを考えてみましょう。第1章で取り上げたように、円とドルをいくらで両替《りょうがえ》できるかは、その時々で変わります。

たとえば一ドルが一二〇円から一〇〇円になったとします。これは「円高」と呼ばれます。前には一二〇円出さないと一ドルの商品が買えなかったのに、一〇〇円で一ドルの商品を買えるようになったのですから、それだけ円の値打ちが高くなったことになります。だから円高と呼ぶのです。

一ドルが一二〇円のときに一万ドルを円に替えると、一二〇万円になります。その後、円高になって一ドルが一〇〇円になったとします。一二〇万円をドルに両替すると、一万二〇〇〇ドルになります。

一万ドルを円に替えてドルに戻しただけで、二〇〇〇ドルもうけたことになります。ドルを円に替えてドルに戻す。これは、最初に円を買い、次に円を売ったことと同じです。円という「商品」を、安く買って高く売ったことになるのです。

こうなると、お金それ自体が「商品」になってしまいました。お金は何でも買える、という意味がわかりますね。愛はともかく。

ヘッジ・ファンドが暴れ回る

お金を持っている人は、さらにお金持ちになる傾向《けいこう》にあるという話をしました。お金持ちは、持っているお金を増やすために、銀行ばかりでなく、ヘッジ・ファンドと呼ばれる会社に資金を預けることもあります。

ヘッジとは、「危険を避《さ》ける」という意味。ファンドは基金、つまり「お金の集まり」のことです。損をする危険を避けながら、預かった資金を増やすという仕事をしています。

しかし実際には、危険を避けるどころか、損をする危険（リスク）を冒《おか》してでも資金を増やそうとします。そこで、世界のどこでも、金もうけできそうな場所があったら大金をつぎ込み、もうけたら、さっさと引き上げる、という方法をとっています。

その結果、他の人が大損しても自分がもうかればいい、ということになります。ヘッジ・ファンドが世界中で大暴れするようになったのです。

ヘッジ・ファンドに働いている人たちは、預かったお金を増やすのが仕事です。もし資金を増やすことができず、損を出してしまったら、自分がクビになってしまいます。それを避けるために必死になるのです。

この姿は、まるでお金という「神」の命令で働いているようにも見えてしまいます。

お金に振《ふ》り回《まわ》される私たち

私たちの祖先は、分業で生まれた成果を交換することによって豊かになり、お金を発明しました。お金を蓄積することで富が拡大し、経済も発展してきました。

その一方で、人間が生み出したお金によって、人間がこき使われるようにもなりました。私たち自身が、お金に振り回されるようになったのです。ここでも、「見えざる手」が働いているのでしょう。

第4章　人間が主人になろうとしたが——「社会主義」の失敗

資本主義を批判したマルクス

人間はお金を発明したことで豊かになったものの、そのお金に支配されて右往左往している。貧富の格差も生じてしまった。

こんな現状を改革しようと考えられたのが、「社会主義」の思想でした。

社会主義にはいろいろな考え方がありますが、代表的なのは、ドイツの思想家、革命家だったカール・マルクスの考え方です。マルクスの死後、この思想は「マルクス主義」と呼ばれました。

金持ちが資金を使って会社を作り、労働者を雇《やと》って働かせる。この金持ちが「資本家」と呼ばれます。労働者には、生活できるギリギリの賃金（給料）しか払《はら》わない。しかし労働者は、労働によって賃金以上の富を生み出す。この差額が、資本家の懐《ふところ》に入る。

カール・マルクス（1818-83）（写真提供＝共同通信社）

これをマルクスは「搾取《さくしゅ》」と呼びました。搾取とは、「搾《しぼ》り取《と》る」こと。資本家は労働者を働かせることによって富を蓄積《ちくせき》していく。

この経済の仕組みが「資本主義」です。「資本」とはお金の集まりのこと。多額の資金によって経済が動いていく仕組みを資本主義と呼んだのです。「主義」と呼ぶと、なんだか思想のようにも思えるので、本当は「資本制経済」とでも呼ぶべきものなのでしょうが、一般的《いっぱんてき》には資本主義と呼ばれます。

しかし、この資本主義の金もうけの試みは、景気循環《じゅんかん》を招き、やがて経済の恐慌《きょうこう》をもたらす。こうした恐慌によって、労働者たちの生活はどん底に落ち、不満がたまっていく。労働者の不満は、やがて革命として爆発《ばくはつ》する。資本主義は崩壊《ほうかい》し、労働者が主人公になる社会主義社会が誕生する。これがマルクスの考え方でした。

社会主義国家が生まれた

このマルクスの思想にもとづいて、ロシアではレーニンの指導によってソビエト社会主義共和国連邦《れんぽう》（ソ連）が生まれました。「ソビエト」とはロシア語で「評議会」のこと。労働者の代表による「評議会」が政治を行う国、という意味です。

また、中国では毛沢東《もうたくとう》によって中華《ちゅうか》人民共和国が誕生しました。どちらも、マルクス主義にもとづいた社会主義国家でした。

第二次世界大戦後には、このほか東ヨーロッパやベトナム、キューバなど、世界各地に社会主義国家が成立しました。

国有企業《きぎょう》なら問題ないと考えた

こうした社会主義の国では、企業をみんな国有にしました。資本家が経営する企業は労働者を搾取するので、労働者の代表が権力を握《にぎ》る国家が経営すれば、労働者が主人だから、労働者は搾取されなくなるだろう、という考え方からでした。

資本主義経済では、好況《こうきょう》や不況、恐慌という景気循環によって、労働者が翻弄《ほんろう》されています。これは、資本家が自分本位の金もうけを目ざすため。資本家をなくし、すべて国有企業にして経営すれば、恐慌も消滅《しょうめつ》するだろうと考えたのです。

そのため、国家が経済計画を立て、国有企業は、この計画にもとづいて仕事をしていくことになりました。

また、労働者の間に格差が生じないように、平等な暮らしを保障しました。

これこそ、お金が「神」になってしまった資本主義経済を否定し、人間自身が社会の主人になろうという試みでした。

最初はうまくいくように思えました。しかし、次第にうまくいかなくなっていったのです。

資源の無駄《むだ》づかいが起きた

資本主義経済では、企業経営者（マルクス主義の表現では資本家）が、独自の経営方針によって商品を製造して売り出します。

最初につけた値段が高ければ、商品は売れません。安くすることによって、売れ始めます。つまり、「市場」の働きによって、「需要《じゅよう》と供給」のバランスがとれた値段が決定されます。

しかし、国有企業になりますと、これがうまく働かなくなります。国有企業にしてみれば、商品が売れても売れなくても関係ありません。資本主義社会では、商品が売れなければ企業は倒産《とうさん》してしまいますが、国有企業だったら、そんな心配はないからです。

国有企業の経営者は、商品の製造にかかった費用に利益を上乗せした金額を値段にして売り出します。

高ければ売れないはずなのですが、国有企業には競争相手がいませんから、たとえ商品の価格が高くても、他の安い商品が売り出されることはありません。国民は、高い商品を買うか、あきらめるかしか選択肢《せんたくし》がないのです。

これが資本主義ですと、消費者に人気のない商品は売れませんから、企業は、少しでも消費者が喜ぶ商品を製造しようと工夫を凝《こ》らしますが、社会主義では、そんな動機は生まれません。同じような服、同じような靴《くつ》ばかりが店頭に並ぶということになります。その結果、オシャレには程遠《ほどとお》い商品が店頭に並び、売れ残り続出ということになります。資源の無駄づかいが起きたのです。

国民がどんな商品をどのくらい欲《ほ》しがっているのか。こんなことは、経済計画を立てる一部の官僚《かんりょう》には予想がつかないことです。その結果、欲しい商品は店頭に並ばず、いらない商品ばかりが並ぶということになります。「資源の最適配分」ができないのです。「見えざる手」の働きが消滅してしまったことで、経済は大混乱に陥《おちい》ってしまいました。

いや、人間が勝手に計画するとうまくいかない、という事実も、「見えざる手」の働きなのかも知れませんね。

平等がやる気を失わせた

社会主義では、資本主義社会のような格差をなくすため、労働者は平等に扱《あつか》われました。

実際には一部の幹部だけが贅沢《ぜいたく》な暮らしをしていたのですが、建前としては、国民みんなが平等ということになりました。

これは素晴《すば》らしいことのように思えたのですが、実際にはうまくいきませんでした。働いても働かなくても給料は同じなので、一生懸命《いっしょうけんめい》働く人がいなくなってしまったのです。

商店では、お客が来ても来なくても給料は一緒《いっしょ》。それなら、店員はお客の来ない方が仕事は楽です。商店のサービスは最低となり、お客はうるさがられることになりました。お客は店員に頼《たの》み込《こ》んで買い物をする羽目になってしまったのです。

資本主義経済では、他の企業との激しい競争に負ければ企業が倒産してしまいますから、新商品の開発に必死になります。社会主義経済では、倒産はありませんから、必死になって商品開発に力を入れようという意欲は起きません。古い商品がいつまでも売れ続けたのです。

西ドイツと東ドイツの格差

資本主義と社会主義の、どちらが経済を発展させるか。その結果を見せつけたのが、東西ドイツでした。

ドイツは、第二次世界大戦で敗北して、東はソ連に、西はアメリカなどに占領《せんりょう》され、そのまま別々の国として独立しました。同じ国民が、資本主義と社会主義に分かれたのです。東ドイツの中の都市ベルリンも、東西に分割され、西ベルリンは西ドイツに所属しました。

すると、東ドイツの国民たちが、西ドイツに逃《に》げ出そうとします。ベルリンの中で、東から西へと逃げ出す市民が相次いだのです。これを防ぐため、東ドイツ政府は、ベルリンを東西に分ける「ベルリンの壁《かべ》」を築きました。他国の侵略《しんりゃく》を防ぐための壁ではなく、自国民が逃げ出すのを防ぐ壁を築いたのです。

東ドイツの経済はうまくいかず、不満を持つ国民を弾圧《だんあつ》したことで、国民の不満は高まり、ついに一九九〇年、東ドイツという国は消滅し、西ドイツに吸収されました。統一ドイツの誕生です。そこで両国の国民が見たものは、東西の圧倒的な経済格差でした。

東西に分割される前、ドイツにあった自動車工場は、東西別々の会社になっていました。東西が一緒になったところ、東ドイツの会社は、東ドイツができてまもなく生産を

街を走るトラバント（写真提供＝共同通信社）

始めた自動車を製造し続けていたのです。「トラバント」という名前の自動車は、部品の一部が紙でできているという始末。排気ガス対策もできておらず、走ると黒煙《こくえん》を吐《は》き出《だ》しました。

一方、西ドイツの自動車会社は、ベンツやアウディ、ＢＭＷなど、世界に冠《かん》たる高級自動車を製造していました。社会主義経済になると、新商品の開発がほとんど行われない、技術開発が進まないという現実が明らかになったのです。

東ドイツは、東ヨーロッパの社会主義諸国の中では一番経済が発展していたのですが、それでも西ドイツとの経済格差は激しく、東西ドイツが統一されて二〇年近く経《た》ったいまでも、大きな格差が存在します。

東西ドイツ以外にも、第二次世界大戦後、朝鮮半島には社会主義の北朝鮮《きたちょうせん》（朝鮮民主主義人民共和国）と、資本主義の韓国《かんこく》（大韓民国）が成立しました。北朝鮮は、たびたび食糧《しょくりょう》危機に陥り、そのたびに対立しているはずの韓国から食糧援助《えんじょ》を受けて、かろうじて国が成立しています。

ここでも「見えざる手」にやられてしまったのでしょうか。

中国は「社会主義市場経済」

社会主義諸国の多くは、一九九〇年から九一年にかけて姿を消し、資本主義経済を取り入れました。しかし、中国だけは、違《ちが》う道を取りました。「社会主義市場経済」という新しい道です。

これは、国家の権力は、これまで通り中国共産党が握り続けるけれど、経済は「市場経済」にする、というものです。

「市場経済」とは、「需要と供給」の関係にすべてを任せるというもの。つまり資本主義そのものなのですが、これを中国共産党は、「社会主義市場経済」と名づけたのです。

要は、伝統的な社会主義経済が失敗したことを認めると中国共産党の責任になるので、「社会主義」の看板は下ろさないまま、資本主義を取り入れたというわけです。

その結果は、むき出しの資本主義経済になりました。金持ちは一層金持ちになり、貧しい人は、そのまま取り残されるという状態になったのです。

日本のような資本主義経済の国では、労働者が弱い立場に置かれてしまうので、労働者の権利を守る法律があります。労働者たちが団結して自分たちの権利を守る労働組合という組織もあります。

ところが中国は「社会主義」の国家という建前で、「労働者の権利が守られている国」のはずなので、わざわざ労働者を守るための法律はあまりありません。労働者の権利を守って経営者と対立するような労働組合は存在しません。

その結果、労働者たちは、権利を守られないまま、働かされることになったのです。

しかも中国には、共産党や政府を批判できるような言論の自由はないので、労働条件がひどい事実は報道されません。報道されないことは存在しないのと同じこと。労働条件が改善されないまま、貧富の格差が拡大しているのです。

第5章　資本主義も「社会主義」を取り入れた

資本主義の矛盾《むじゅん》を改善した

第二次世界大戦前にソ連という国が成立し、第二次世界大戦後は、東ヨーロッパや中国でも社会主義国家が次々に誕生したことは、アメリカや西ヨーロッパの資本主義国の政府にとって衝撃的《しょうげきてき》なことでした。マルクスの予言通り、世界中の国々が社会主義になるかも知れないと恐《おそ》れたのです。

資本主義経済では、恐慌《きょうこう》が発生するたびに大勢の失業者が発生して、社会は不安定になります。労働者たちが労働組合を結成して、政府に反対する運動を展開します。そこで、労働者たちの運動が社会主義革命に発展しないように、労働者の不満を解消する必要が出てきました。資本主義の国でも、社会主義に対抗するために、「社会主義的」な政策をとるようになるのです。

労働者の働く権利を守るための法律ができました。長時間労働を禁止したり、最低賃金制（最低でもこれだけの賃金を払《はら》わなければならないという決まり）を制定したりして、不満の解消に努めたのです。

労働組合が結成されて労働者の権利を求める運動を続けることで、労働条件も改善され、労働者が社会主義革命を求めるようなことがなくなっていきました。

「ケインズ経済学」を利用した

恐慌が発生すると、経済も悪化し、労働者の不満も高まります。社会主義革命を防ぐためにも、恐慌対策が必要になります。

その際に使われたのが、イギリスの経済学者ジョン・メイナード・ケインズの理論で、「ケインズ経済学」と呼ばれます。

経済が悪化して、不況《ふきょう》が深刻になり、恐慌になるかも知れないようなときは、政府が積極的に支出をするべきだ、という理論です。

不況になるのは、商品を作り過ぎて売れなくなったから。つまり、需要《じゅよう》に対して供給が多すぎたのが原因。そこで、それまでの経済の「常識」では、供給側の会社が倒産《とうさん》し、供給が減ることで、需要と供給のバランスがとれ、経済は再び回復する、と考えられてきました。

これに対してケインズは、供給が多すぎたのなら、その分だけ需要を増やせばバランスがとれると考えたのです。

では、需要を増やすにはどうすればいいのか。政府が積極的に支出を拡大するのです。政府が公共事業を増やし、道路や橋を建設すれば、それだけ建設業者の仕事が増えます。道路や橋の建設に必要な鉄やセメントなどの需要も増えます。

新しい道路ができれば、道路を通る人向けの新しい商店や飲食店も増えます。

こうして経済が拡大すれば、経済を不況から脱出《だっしゅつ》させることができると考えたのです。

政府が借金する

公共事業を増やすためには、政府がそれだけの支出をしなければなりません。そのための費用を税金で集めたのでは、国民のお金を政府が吸い上げることになり、国民の需

ジョン・メイナード・ケインズ（1883-1946）（写真提供＝PPS通信社）

要は増えません。税金ではなく、政府が借金をして支出すればいい、ということになります。政府の支出のことを「財政」といいます。財政を積極的に活用するという意味で、「財政出動」と呼びます。

政府の借金とは、「国債《こくさい》」を発行することです。国債とは国の借金。政府が、「〇年後に利子をつけて返します」と約束して国債を買ってもらうのです。期限が来たら、国債を買ってくれた人に利子をつけて返済します。

政府が財政出動して景気を良くすれば、利益が上がる会社や個人が増え、国の税収（税金による収入）が増えます。増えた税収で、国債による借金を返済すればいい、ということなのです。

ケインズは、「見えざる手」の動きを研究し、人間の行動によって、「見えざる手」の働きを利用しようとしたのですね。

ところが、景気が良くなって税収が増えると、「増えた税収でもっと公共事業を増やして欲《ほ》しい」「増えた税収で福祉《ふくし》を充実《じゅうじつ》して欲しい」という要求が国民から寄せられるようになります。財政出動を決めたり、国債の発行・返済の方針を決めたりするのは政治家ですから、次の選挙のことを考えると、国民の要求を拒否《きょひ》することができません。その結果、国債を発行して景気を良くしても、国債の返済はなかなか進まないのです。その結果、国の借金は増えるばかり、ということになります。

欠点を防ぐ規制も導入された

資本主義は、自分たちの利益を追求する企業《きぎょう》や個人が激しく競争する経済です。その結果、強い企業はより強く、弱い企業は消えていく、という弱肉強食の世の中でもあります。

しかし、それが行き過ぎると、国民の不満は高まり、労働運動も激化し、不安定な社会になってしまいます。資本主義経済を長生きさせるためには、資本主義経済の欠点を補う必要があると考えられました。

ケインズ経済学の応用もそうですし、過当競争を制限する制度も生まれました。

企業同士が競争することで、品質の良い商品や快適なサービスが生まれますが、競争に負けた企業が姿を消し、一社だけの独占《どくせん》状態になりますと、困ったことになります。独占企業は、有利な立場を利用して、商品価格やサービス料金の値上げをするかも知れません。お客は、他の会社がない以上、しぶしぶ商品やサービスを買うことになります。

企業間競争は消費者にとっていいことですが、競争の結果、寡占《かせん》や独占が生まれると、消費者にとっては悪いことが出てくるのです。そこで、ひとつの産業の中で、一社だけで独占的な地位を得ないようにしたり、独占状態の企業が勝手なことをしないようにしたりする法律が生まれました。前にも述べた独占禁止法です。

また、弱い立場の企業を守るための法律も生まれました。たとえば、日本の「大規模小売店舗法《こうりてんぽほう》」（大店法）です。

小さな商店街の近くに巨大なスーパーが誕生すると、商店街が大打撃《だいだげき》を受けるので、商店街の言い分も聞いて、スーパーの規模や営業時間を制限する、という法律です。

日本は「社会主義」だった?

こうした規制がたくさん生まれた結果、規制を決めたり守ったりする立場の役人たちが強い権限を持つようになりました。

また、大店法によって保護された中小の商店街が、自力で生《い》き抜《ぬ》いていこうという健全な競争力を失い、次第に停滞《ていたい》してしまったという批判もあります。全国各地に、昼間からシャッターを下ろしたままの商店が増え、商店街は「シャッター通り」と呼ばれてしまうようになったのです。

弱い立場の者を保護するという考え方自身は悪いことではありませんが、その結果、日本国内には、自力で戦っていくという精神や体力が失われ、緩《ゆる》やかに衰退《すいたい》を続ける産業や企業が増えてしまったのではないかという指摘《してき》があるのです。

この様子が、平等を追い求めたために衰退した社会主義国を思い起こさせることから、「日本は社会主義国だった」という声が上がるほどになったのです。

第6章　資本主義が勝った？——「新自由主義」

「資本主義が勝った」？

一九九〇年代以降、社会主義諸国の政権が次々に崩壊《ほうかい》し、資本主義経済をとるようになったことで、「社会主義との戦い（競争）に資本主義が勝った」というムードが世界に広がりました。

その結果、社会主義との競争の中で資本主義経済の中にも取り入れられていた「社会主義的要素」も取り除こうという動きが広がります。

そのお手本になったのが、一九八〇年代にイギリスとアメリカで実施《じっし》された政策でした。イギリスのマーガレット・サッチャー首相の「サッチャリズム」、アメリカのロナルド・レーガン大統領の「レーガノミクス」です。

イギリスの「ウィンブルドン化」

イギリスは、それまで「社会主義」的な政策を採用してきました。労働組合の力が強く、労働者の権利が守られてきたのです。

たとえばイギリスの国鉄が電気機関車を導入しようとした際は、それまで蒸気機関車で石炭を焚《た》いていた人の仕事がなくなってしまうと労働組合が反対しました。その結果、電気機関車になっても、石炭を焚く人が機関車に乗り組んだのです。もちろん仕事はありません。ただ機関車に乗っているだけで給料がもらえたのです。

こうしたことが、イギリスの経済界のさまざまな場所で行われていたため、イギリスの経済は停滞《ていたい》していました。これは「英国病」と呼ばれました。

「鉄の女」と呼ばれるほど強い意志と実行力を持ったサッチャー首相は、これに危機感を持ち、労働組合の反対を押《お》し切って、国営企業《きぎょう》を次々に民営化しました。

国営企業だと、社会主義の企業と同じで、倒産《とうさん》の心配がありません。一生懸命《いっしょうけんめい》働くという意欲に欠ける職員が増え、業務が停滞していました。サッチャー首相は、民営化で経済の効率化を進めました。社会主義国の二《に》の舞《まい》を防ごうとしたのですね。

さまざまな分野で規制緩和《かんわ》も進めます。外国の金融《きんゆう》機関でもイギリスで自由に仕事ができるようにしたことで、イギリスの金融機関は、外国の金融機関に買収されたりして、姿を消してしまいました。それでも、外国の金融機関がロンドンで仕事を拡大したことで、金融機関で働くイギリス人の数はかえって増えました。

1986年に開かれた東京サミットに同席するレーガン大統領とサッチャー首相（1986年5月5日撮影、写真提供＝共同通信社）

この様子は、「ウィンブルドン化」と呼ばれました。イギリスのウィンブルドンで行われるテニスの世界大会では、地元のイギリス人はほとんど活躍《かつやく》しないで、世界中の一流プレーヤーたちが大活躍。同じようにイギリスの金融界でも、イギリスの企業が姿を消して、世界の金融企業が活躍するようになった様子を、テニスの大会になぞらえたのです。

レーガン大統領の「小さな政府」

アメリカも、レーガン大統領が就任した頃《ころ》には、不況《ふきょう》に苦しんでいました。レーガン政権は、国家が経済に口を出すことが、かえって経済を停滞させると考え、「小さな政府」を打ち出しました。

それまでのケインズ経済学にもとづく政策では、財政出動で景気回復を図《はか》ろうとしていました。また、労働者の権利を守り、給料を下げないようにすることで、消費意欲を刺激《しげき》して、経済を活性化しようとしていました。

その結果、政府の役割が大きくなり、さまざまな規制も増えていました。これを「大きな政府」と呼びます。

レーガン政権は、これを否定し、政府が口を出さず、民間の活力に任せることが必要だと考えました。政府の役割が小さくなるので、「小さな政府」と呼ばれます。

レーガン政権の政策としては、たとえば、アメリカの航空業界の規制緩和を進めました。大手の航空会社以外にも、新しく定期航空路に進出する会社を認めたのです。規制緩和に反対する政府の航空関係者はどんどん解雇《かいこ》して、緩和を推進しました。

この改革により「格安航空会社」が続々と誕生し、アメリカの航空運賃は劇的に値下がりしました。「運賃が下がったのなら自動車をやめて飛行機で移動しよう」と考える人も出てきて、航空利用客は激増しました。

中曽根《なかそね》政権の民営化政策

当時、日本でも中曽根康弘《やすひろ》首相が、サッチャーやレーガンのような政策を日本に取り入れようと考えました。そこで踏《ふ》み切《き》ったのが、電電公社や国鉄の民営化でした。

それまで日本の電話や電報は、日本電信電話公社（電電公社）という、国営企業ではないけれど、民間企業でもないという中間的な企業が独占《どくせん》していました。

中曽根内閣は、電電公社を民営化するとともに、他の民間の会社も電話事業ができるようにしたのです。こうして電電公社はＮＴＴに生まれ変わりました。

その後、ＮＴＴは東日本や西日本、コミュニケーションズなど別々の会社に分割《ぶんかつ》され、相互に競争するようになりました。また、その後サービスが始まった携帯《けいたい》電話もＮＴＴドコモやＫＤＤＩ（ａｕ）、ソフトバンクなどによる競争が進み、電話料金は劇的に下がりました。サービスもよくなったのです。

また、中曽根政権の時代に国鉄（日本国有鉄道）も民営化されました。ＪＲ東日本やＪＲ東海、ＪＲ貨物など七社に分割されました。

それまでの国鉄は、職員の中に「国の会社だから倒産しない」という意識があり、お客にサービスするという考えが希薄《きはく》でした。民間企業になることによって、大きく変化したのです。

駅もきれいになり、新型車両が導入されました。ターミナル駅の中にショッピングセンターや飲食店街が誕生しました。スイカ（Suica）などＩＣチップを入れたカードで改札を通れるようになるばかりでなく、買い物までできるようになりました。その変化の大きさには、驚《おどろ》かされるばかりです。

「新自由主義」の時代へ

サッチャリズムやレーガノミクス、中曽根政権の手法は、まだ社会主義諸国の政権が崩壊する前のことでしたが、資本主義内部に取り入れられた「社会主義」の要素を取り除いていこうという試みでした。

その後、社会主義諸国が崩壊に追《お》い込《こ》まれると、「社会主義」の要素のない純粋《じゅんすい》な資本主義こそ強い経済をもたらす、という考え方が広がるようになりました。これを「新自由主義」といいます。

これまで見てきたように、市場経済の資本主義では、アダム・スミスが指摘《してき》したような「見えざる手」によって経済が動いてきました。放っておけば経済はひとりでにうまくいくという考え方でした。

ところが、人間が政策で関与《かんよ》しないで放任しておくと、景気循環《じゅんかん》によって、恐慌《きょうこう》を引き起こすなど、人々にとって残酷《ざんこく》な結果をもたらすこともありました。

市場にすべてを任せるのは、「自由放任」であり、これは「自由主義」として批判を受けるようになったのです。

その欠陥《けっかん》を補うものとして、ケインズ経済学による「大きな政府」が登場しました。

しかし、これはこれで、社会主義のような非効率をもたらすとして批判されました。

そこで登場した市場経済優先の経済は、現代の新しい「自由主義」という意味で「新自由主義」と呼ばれました。ここまでに紹介してきたサッチャー、レーガン、中曽根政権のやり方のことです。

「見えざる手」の働きを、現代に生かそうという試みなのです。

社会主義政権が相次いで崩壊した後の一九九〇年代には、この新自由主義が世界に広がりました。

小泉政権も「新自由主義」だった

「郵政民営化」を推進した小泉純一郎《じゅんいちろう》首相の政府も、新自由主義の方針をとり、さまざまな規制を緩和しました。とりわけ、国営事業だった郵便局の仕事を民営化したことは、国民の間で大きな議論を呼びました。

郵便を配達し、郵便貯金を受け入れ、簡易保険を引き受ける。これは何も国家公務員がしなくても済むはずだ。民間企業が競争すれば、国民にとってより良いサービスが提供できるはずだ。これが小泉首相の考えでした。

ただ、電電公社や国鉄は地域ごとに分割されて民営化されましたが、郵便事業の場合、郵便貯金、簡易保険は事業ごとに分けられただけで、全国をカバーする巨大《きょだい》な民間会社に生まれ変わりました。地方では、地元の金融機関よりはるかに大きな力を持つようになり、これまであった民間金融機関を圧迫《あっぱく》することになるのではないかという心配の声も聞かれます。

郵便事業を全国くまなくカバーすることは費用のかかることなので、利益追求の民間企業になると、過疎《かそ》地帯でのサービス低下に陥《おちい》るのではないかという批判もあります。

郵政民営化が果たして成功だったのかどうか、結論が出るのはもう少し先になりそうです。

デパートやスーパーの営業時間も延長された

従来の商店街を守るために作られた「大規模小売店舗《てんぽ》法」も、「大規模小売店舗立地法」に改正されました。大型スーパーなどが、これまでより各地に進出しやすくなったのです。

さらに、デパートやスーパーの営業時間も規制が緩和されました。以前のデパートやスーパーは、週に必ず一日は休みとなり、営業時間も早く終了《しゅうりょう》していました。ところが現在は、毎日無休で営業しています。営業時間が夜一〇時までという店も増えました。中には二四時間営業の店も出現しました。これも、規制緩和が進んだからです。

消費者にとってはとても便利になりましたが、深夜まで働くことになった社員やパートの人たちの労働条件は悪化しました。

「学校選択制《せんたくせい》」も始まった

「はじめに」で取り上げた「学校選択制」も、新自由主義の一つです。

以前の日本では、小学校や中学校の義務教育では、自宅近くの学校に通うのが当たり前でした。しかし、これでは「選択の自由」がない、「まるで社会主義だ」という批判が起きて、学校選択制が広がったのです。どの学校に行きたいか、生徒や保護者に任せるという「自由放任」の「市場経済」により、競争原理が導入され、「見えざる手」に導かれて、日本の学校は良くなる、という発想です。

果たして、「見えざる手」が、うまく働くものなのか。こちらも、結論が出るまでには時間がかかりそうです。

「グローバリゼーション」が広がった

社会主義政権の相次ぐ崩壊で、「資本主義が勝った」「新自由主義の勝利だ」という風潮が世界に広がり、「市場経済はいいことだ」「規制をなくしていこう」という動きが広がりました。

この動きは、「グローバル資本主義」や「グローバリゼーション」と呼ばれます。

市場経済は国際化します。自国の産業を守るためのさまざまな規制をなくし、外国の企業が自由に進出できるようにすることが、自国経済の発展のためにもいいことだという考え方を各国政府が持つようになります。

国際貿易も活発化しました。しかし、中国など人件費が安い国で生産された商品が輸入されるようになると、価格の安さで圧倒的な強さを誇《ほこ》り、先進国で製造される商品が価格競争で敗北。先進国では、やっていけなくなる産業が相次ぎました。こうした産業で働いていた人たちは失業してしまったのです。

先進国の産業が、人件費の安い国と競争していくためには、製造原価を下げなければなりません。そのために、正社員の代わりにパートやアルバイトなど人件費の安い人たちを雇《やと》うようになりました。正社員と、それ以外の人たちの経済格差が拡大したのです。「労働力」の供給側は、世界規模で競争相手が出現したために、「労働力」の原価を下げなければやっていけなくなりました。

「見えざる手」が働いたのです。

いくら働いても、受け取れる賃金はごくわずかで、生活保護を受けるのと大差ない給料しかもらえない人たちが増大しました。「働いているのに貧しい」という意味で、「ワーキングプア」と呼ばれます。

かつて石川啄木《たくぼく》が、

「はたらけど

はたらけど猶《なほ》わが生活《くらし》楽にならざり

ぢつと手を見る」

とうたった通りのことが、現代でも再現されているのです。

石川啄木は自分の手を見ることができましたが、「グローバル資本主義」が世界に広がったことで、「見えざる手」が世界規模で働くようになり、世界全体での格差拡大につながりました。

アメリカでも問題が

新自由主義やグローバル資本主義発祥《はっしょう》の地のアメリカでも問題を抱《かか》えています。

レーガン政権による航空業界の規制緩和は、利用者にとっては大変な朗報でした。

ところが、格安航空会社に価格競争で負けた大手の航空会社は相次いで倒産しました。格安航空会社は、「航空業界で働ければ給料が安くてもいい」という人たちを採用して、低賃金で人件費を節約。経費節減で競争力をつけました。

大手の航空会社も対抗して航空運賃を下げるためには、社員の給料を下げなければなりません。この点は、先進国の製造業の社員が人件費の安い開発途上国と競争するために給料を引き下げられるのと同じ構図です。

かつて航空会社の客室乗務員といえば、給料が高く、花形の職種でしたが、アメリカでは、低賃金・重労働の仕事になってしまいました。

第1章で、日本の銀行員の給料が高かったこと、放送局の正社員の給料が高いことを取り上げましたが、競争が激化すると、アメリカの客室乗務員と同じようなことが起きるはずなのです。

航空会社同士の競争が激化して、負けた会社が倒産することで、航空路線の中には、競争相手のいなくなったものが出現しました。すると、一社だけになった路線では、航空運賃を値上げしたのです。

競争激化で寡占《かせん》や独占が進むと、消費者のためにならないという、古典的な事態が発生しました。

さらに、格安運賃で飛ばすために経費節減を進めた結果、整備など安全確保の費用を切《き》り詰《つ》めて、整備不良が原因の事故も多発するようになりました。「安かろう、悪かろう」という状態が起きるようになったのです。

保険に入っていないと治療《ちりよう》してもらえない

アメリカの新自由主義を象徴《しようちよう》するのは、医療保険制度です。

日本は「皆《かい》保険制度」といって、国民が全員医療保険に入ることになっています。会社員は健康保険組合の保険（健保）、自営業者は国民健康保険（国保）など、それぞれ何らかの医療保険に入っています。保険料を払《はら》うことで、もし病気になったときには、実際にかかる費用の一部を負担するだけで治療が受けられるシステムです。

ところが、アメリカには、こうした皆保険の制度はありません。収入の少ない人や高《こう》齢者《れいしや》のための限定的な医療保険はありますが、一般《いつぱん》の人たちは、自力で民間の保険に入らなければなりません。国が医療保険制度を導入するのは「社会主義的な制度だ」と否定されてきたからです。

大企業の場合は、会社が社員を保険に入れてくれますが、そういう恵《めぐ》まれた立場の人たち以外は、高い保険料を自腹で払い込みます。払う保険料によって治療が受けられるレベルも異なります。高度な医療を受けるためには、保険料も多額になります。

このため、保険に入れない人たちが全米で四七〇〇万人もいます。六人に一人は医療保険に入っていないのです。病気になっても治療費が払えないので、病院に行かずに治そうとして悪化させてしまう人たちもいます。

この人たちが急病になって救急車で病院に運ばれると大変です。病院は、治療にかかる前に、患者が医療保険に入っているかどうかを確認します。保険に入っていない人に高度な医療を施《ほどこ》すと、費用を回収できないからです。

救急病院は、運ばれてきた患者の治療を拒否《きょひ》することができないと法律で定められていますから、応急手当はしてくれますが、それっきり。それ以上治療をすると、病院側の負担が増えてしまうからです。

それでも、病院側の未回収の医療費は増えるばかり。病院としては、治療費を払ってもらえない分、保険で支払える患者から払ってもらおうと治療費を引き上げます。医療保険会社が払う医療費が増えてしまいますから、会社は保険料を引き上げます。保険料が高くなると、保険に入れない人がさらに増えます。こんな悪循環が続き、二〇〇〇年から二〇〇五年までに無保険者が六八〇万人増加したとアメリカの新聞『ニューヨークタイムズ』は伝えています（二〇〇七年三月二日付）。

民間活力を生かす、という建前が機能しない分野もあるのですね。

南米では水道事業民営化も

イギリスで国営企業を民営化したことで経済が活性化したと受け止めた各国は、さまざまな国営事業を民営化しようとしました。南米などの各地では水道事業まで民営化されました。水道といえば、地方公共団体が市営事業などとして実施するのが普通《ふつう》ですが、これを株式会社に任せたのです。

株式会社としては、利益を上げなければなりません。地道な水道管交換《こうかん》工事など利益に結びつきませんから、古くなった水道管を放置する一方、水道料金値上げに踏み切るところが出てきます。貧しい家庭では水道料金が高くて使えなくなるところが出てきました。水道管が古くて赤サビの水しか出てこなくなるという事態も発生。いったん民営化した会社を元に戻《もど》すところも出ています。

こうした痛い経験を積んだ南米には、「貧しい者に負担を強《し》いるグローバリゼーションはアメリカのやり方だ」と反発する人々が増えました。新自由主義やアメリカのやり方に反対する反米・社会主義政権が相次いで誕生するようになったのです。

「市場の失敗」もある

こうして見ると、「見えざる手」の働きが、うまくいかない分野があることがわかります。一般論として言えば、国営事業を民営化することで活性化するものもあるでしょう。その一方で、医療保険や水道事業など、国民の健康に直接関係する分野では、「利益第一主義」ではうまくいかないこともあるのです。

「市場経済」に任せることでうまくいく分野もある一方で、市場経済ではうまくいかないこともある。これを「市場の失敗」と呼びます。「見えざる手」が失敗することもあるのです。「見えざる手」が苦手な分野もある、とても言うべきでしょうか。

「見えざる手」は、何が得意で何が苦手なのか。それを見つけ出すのが、経済学の役割なのですね。

日本のタクシー業界をどう考える?

日本でも、規制緩和をめぐって議論になっていることがあります。その一つがタクシー業界です。小泉政権時代、新規参入がむずかしかったタクシー業界で、新しい会社を始めることが容易になりました。新しいタクシー会社が入れば、競争が激しくなることで、利用者のサービスが向上するだろうと考えられたのです。

規制緩和以来、東京都内では、新しいタクシー会社が多数出現しました。サービスが格段にいいタクシーをうたい文句にした会社も出てきました。

その一方で、タクシーの台数が増えた分、一台当たりのお客の数は減り、タクシー運転手にとっては、収入が減ってしまいました。これまで通りの収入を確保するために長時間労働をするようになり、労働条件が悪化してしまった、という批判が強まったのです。

その結果、収入が増えるようにタクシー料金の引上げが行われました。利用者にとっては、負担が増えてしまったのです。規制緩和は間違《まちが》いだったのではないか、という批判の声が出ています。

しかし、規制緩和によってタクシーの台数が増えたことで、新たにタクシー運転手の職を得ることができた人がいることも確かです。不況で会社が倒産し、失業してしまった人たちが働ける場所が得られたのだから、規制緩和は正しかったのだ、という意見もあります。

さて、あなたは、どちらの意見が正しいと思いますか。どんな方法をとれば、タクシー運転手にとっても利用者にとっても有益なのでしょうか。むずかしい問題ですね。

タクシー運転手は、「見えざる手」に押されるようにして、ハンドルを握《にぎ》っているのです。

第7章　会社は誰《だれ》のもの？

市場経済を支える要《かなめ》のしくみ

市場経済に任せることでうまくいくこともあれば、失敗することもある。市場経済で生《い》き抜《ぬ》いていくことは、なかなか大変なことです。それでも、多くの人々が、市場経済の中で仕事をしてきました。その際、大きな働きをするのが株式会社です。

株式会社は、個人では実現できないような大きな事業を推進するために生まれ、成長してきました。私たちが暮らす資本主義社会は、まさに株式会社によって成り立っているのです。その仕組みはどうなっているのか、ここで見ておきましょう。

大勢から資金を集める株式会社

あなたが、新しい事業を始めようとします。工場や本社ビルを建て、従業員を雇《やと》う。

多額の資金が必要ですね。あなたが大金持ちであれば、それくらいのお金は出せるでしょうが、普通《ふつう》はそうはいきません。資金を集めることになります。

銀行など金融《きんゆう》機関から資金を借りるのも、最初のうちはむずかしいものです。ある程度事業が軌道《きどう》に乗っていれば、「これなら貸したお金を返してもらえそうだ」と判断して資金を貸してくれますが、まだ全体が見えない事業には、なかなか資金を貸してくれません。

そこであなたは、親類や友人たちから、少しずつ資金を出してもらうことにしました。この資金で事業を始め、利益が上がったら、利益の分け前を渡《わた》すことが条件です。利益の配分を受ける権利を「株」といいます。利益の分け前を「配当」と呼びます。権利を持っている人が「株主」です。資金を出したので、「出資者」とも呼ばれます。株主である証拠《しょうこ》に「株券」を渡します。

このように、株によって大勢から資金を集めて設立した会社が株式会社です。株という方式で資金を集めて設立した会社というわけです。

株式会社という方式が発明されたことで、個人ではできないような大きな事業に必要な資金を集め、大きな仕事ができるようになったのです。

リスク軽減の仕組みがある

新しい事業を始めるにはリスクがつきものですね。事業に失敗したら、有り金全部を失ってしまう危険性があります。

もしあなたが銀行から資金を借りることができても、そのためには担保が必要です。自宅を担保に金を借りると、事業が失敗したら、会社がつぶれるばかりでなく、住む自宅も失ってしまうかも知れません。すべてを失うリスクがあるのです。

「新しく事業を始めるから、共同事業主になってくれ。ついては資金を半分出してくれ」と言われても、恐《こわ》くて資金を出せません。

ところが、株式会社制度だと、出資した人（つまり株を買った人）は、出資した分だけ（株を買った分だけ）リスクを背負えばいいのです。最悪でも株券が紙くずになるだけです（それでもいやなことですが）。

出資者に無限の責任を負わせることなく、リスクを限定する。これが株式会社の画期的な特徴《とくちょう》です。これなら、リスクを冒《おか》して資金を出してくれる人や会社も出てきます。

船を建造し船長を雇ったのが始まり

世界で最初の株式会社は、一六〇二年にオランダで設立された「東インド会社」だといわれています。当時のヨーロッパでは、肉を保存するのに必要なコショウなどの香辛《こうしん》料《りょう》が大人気。東南アジアでコショウを買い集めて来《こ》られれば、大もうけできたのです。しかし、東南アジアはヨーロッパから遠く、往復には大変な危険が伴《ともな》いました。うまくいけば大もうけ、失敗すれば大損害だったのです。ところが、株式会社の仕組みなら、「うまくいけば大もうけ、失敗してもそれなりの損」ですみます。

ヨーロッパの商人たちが資金を出し合って船を建造し、船長を雇います。船長が乗組員を集めて出航します。これが株式会社です。資金を出し合った商人たちが株主で、船が会社、船長が社長で、乗組員が社員たち、というわけです。

リスクを抑《おさ》えながら金もうけを狙《ねら》う。この株式会社の仕組みが大成功したことで、その後、産業革命が起きたヨーロッパでは、工場や鉄道の建設に必要な資金を株式会社方式で集めることができました。ヨーロッパ発展の秘密は、株式会社という仕組みにあったのです。

間接金融ではなく、直接金融

株式会社が株を発行して資金を集める方法を「直接金融」といいます。人々から資金を直接集めるからです。

これに対して、銀行など金融機関から資金を借りるのは「間接金融」といいます。人々が、いったん金融機関にお金を預けた後（資金を貸した後）、その資金を貸してもらうという間接的な手法になるからです。

株式会社が新しい事業を始めるのに必要な資金を集めるのにも、この二つの方法があります。新たに株を発行して買ってもらうという直接金融と、金融機関から資金を借りるという間接金融です。

間接金融ですと、借りた資金に利子をつけて返済しなければなりません。これに対して直接金融ですと、株の発行で得た資金を返す必要はありません。とても有利なのですね。

ただし、利益が上がったら配当を払《はら》わなければなりませんから、後々に負担が重くなる可能性があります。

また、売り出した株を買い占《か し》めた人が、大株主として、会社経営に口を出してくる可能性もあります。これについては、この後、取り上げましょう。

株式市場が生まれた

株式会社の株主は、その会社が利益を上げれば、配当を受け取ることができます。株を持っていることで、定期的にお金が入ってくるのです。

そうなると、その株を買いたいという人が出てきます。「配当を受け取る権利」が売買されるようになるのです。

持っている株の会社が大きな利益を上げれば、配当も増えますから、その会社の株は人気が上がります。株が高く売れるのです。会社が損害を出せば、反対に株の値段は下がります。

ということは、大きな利益が上がりそうな会社の株をあらかじめ買っておいて、株の値段（株価）が上がったところで売れば、もうけることができますね。株の売買でもうけるチャンスが生まれたのです。

株を売買する市場が、「株式市場」です。株は「証券」ともいいますので、株式市場のある場所は「証券取引所」と呼ばれます。ただし、日本の東京証券取引所などは、株の売買が完全にコンピューターで行われていますから、証券を取引している、というイメージはありません。取引の様子をコンピューターで監視《かんし》している人たちがいるだけになっています。

東京証券取引所の風景（写真提供＝共同通信社）

株は、どれでも株式市場で売買されているというわけではありません。株の発行数や株主の数、利益の状態など、さまざまな条件にパスした会社の株だけが取引されています。株式市場で売買されるようになることを、「上場」といいます。「株式市場に上がる」という意味ですね。

「見えざる手」で株価は上下

利益が上がりそうな会社の株をあらかじめ買っておけばもうかる、という話をしましたが、これは誰でも考えること。「利益が上がりそう」だとみんなが思えば、その時点で値上がりしてしまいます。実際に利益が上がったという発表があっても、「そんなこと知っているよ」という人ばかりだと、株価は上がりません(これを、「株価に織《お》り込《こ》みずみ」と言います)。

つまり、株の値段の上下は、簡単には予測がつかないのです。みんなが「値上がりする」と思えば、その通りに値上がりしてしまい、それ以上は上がらないかも知れません。「値上がりする」と思って買った途端《とたん》、むしろ値下がりして、損してしまうかもしれないのです。「お金をもうけたい」という個人や会社のさまざまな思惑《おもわく》が入り乱れることで、株価は予想がつかない動きをするのです。

株を買いたい人が増えれば需要《じゅよう》が拡大。売りたい人が増えれば供給が増大。ここでも「需要と供給」の関係で株価が動きます。

株価の変動は、まさに「見えざる手」の導きによって起きているのです。

会社は誰のものか？

さて、では、株式会社は誰のものなのでしょうか。

この問題が社会的に大きな議論になったことがあります。二〇〇五年二月、当時のライブドアという会社が、ラジオの「ニッポン放送」の株を大量に買い占めて大株主になったからです。当時のニッポン放送は、フジテレビの親会社でした（いまはフジテレビがニッポン放送の親会社ですが）。つまり、ライブドアは、ニッポン放送の株を買い占めることで、フジテレビも自分のものにしようとしたのです。

当時のライブドアの堀江《ほりえ》貴文《たかふみ》社長は、「株を上場している以上、買収されることがあるのは覚悟《かくご》すべきこと。いやなら上場しなけりゃいいんです」と言いました。

このとき、ニッポン放送の社員の多くは、社員総会を開いて、ライブドアの買収に反対しました。放送のことを知らない人物によって、自分たちの会社がフジテレビ支配の道具にされると思ったからです。

この事件は、「ライブドア騒動《そうどう》」と呼ばれました。結局、ライブドアはニッポン放送の買収を断念し、堀江貴文社長は、別の事件の容疑者として東京地検特捜部《とくそうぶ》に逮捕《たいほ》されてしまいました。しかし、このとき、株式会社は誰のものかが、大きな議論になったのです。ニッポン放送は、ニッポン放送社員のものか、ニッポン放送の経営者のものか、株主のものか、という議論です。

株式会社は、株主が資金を出してくれたことによって設立されましたから、株主のもの、ということになります。世界で最初に株式会社が誕生したときのことを思い出せば、それは明らかですね。資金を出し合って船を建造した商人たちのものだったのです。

ところが、株は、やがて最初の株主の手を離《はな》れて、さまざまな人々に売買されます。たまたま株を買った人が株主になるのですが、この人たちに、「会社は自分たちのもの」という意識が、どれだけあるでしょうか。中には、単に金もうけの手段として株を手に入れただけ、という人もいることでしょう。そうした人たちの中には、金もうけできれば会社がなくなっても構わないと考えている人たちがいるかも知れません。

その一方で、その会社で長く働いている従業員たちは、会社の株を持っていなくても、「会社は自分たちのものだ」という強い意識を持っているでしょう。

それでは、株式会社がどのような支配構造になっているのかを見ておきましょう。

株主総会が最高意思決定機関

株式会社の仕組みを日本の政治にたとえてみましょう。日本の政治は、国民の代表である国会議員が、国会で総理大臣を選び、総理大臣が内閣をつくって、国民のための仕事をする（はずですね）仕組みになっています。

日本という国の最高意思決定機関が国会であるように、株式会社の最高意思決定機関は株主総会です。少なくとも年に一回は株主たちが集まって総会を開き、その会社の今後の方針を審議《しんぎ》します。方針決定は、多数決で決まります。

ただし、日本の国会での多数決は、議員一人が一票で集計されますが、株主総会では、株数で決まります。一人で過半数の株を持っている人がいれば、その人の判断で決まる仕組みになっているのです。

株主総会が取締役《とりしまりやく》たちを選びます。株主総会の後、選ばれた取締役たちが取締役会を開き、自分たちの代表である代表取締役を選びます。この代表取締役が、通常は「社長」と呼ばれます。

日本の国会は総理大臣を選び、総理大臣が内閣をつくりますが、株式会社は、取締役会という、いわば「内閣」を選び、この「内閣」が「総理大臣」を選ぶ形をとります。この点は逆ですね。

社長より上の「会長」も代表取締役として選ぶ会社もあります。会長も社長も代表取締役である場合は、会長の方が「えらい」ということになります。会長はいても、社長だけが代表取締役だったら、会長はいわば「ご隠居《いんきょ》さん」で、社長が一番の責任者です。

もし代表取締役に問題があったら、取締役会が辞《や》めさせることもできることになっています。過去には実際にワンマン経営者を辞めさせた例もあります。

ただし、取締役たちは、社長や会長に選ばれているのが現実です。社員の中から、社長や会長が取締役としてふさわしいと考えた人を「取締役候補者名簿《めいぼ》」にのせて株主総

【図解】株式会社の支配構造とは？

会に提案するのです。

取締役たちにすれば、「自分を取締役に引き上げてくれたのは社長」という思いがありますから、社長に逆らえないのが実態なのです。

でも、これでは社長の暴走を誰も止められないので、その会社で社員だったことがない人物を「社外取締役」として選び、株主の代理として経営に目を光らせてもらう、という会社が増えてきました。社外取締役は、その会社とのしがらみがないので、厳しい意見を言うことができる、というわけです。

株式上場で会社は「社会のもの」に

こうした株式会社の支配構造を見ますと、建前としては、株式会社は株主のもの、ということになります。そしてこの株主は、株を買えば誰でもなれるのです。

株式市場への上場を、英語で「Go public」（公のものになる）と言います。上場されれば誰でも株主になれる、という意味です。株式会社は、上場することで社会のものになったのです。それだけに、株式会社の経営者は勝手なことはできませんよ、というのが、この言葉の意味です。実際にはもうかっていないのに「もうかっている」とウソを発表したりすることは法律で禁じられているのです。

社会の誰でも株主になれ、その株主が取締役たちを選ぶ。こう考えれば、会社は株主のものであり、少なくとも経営者のものではありません。まして、その経営者が採用した従業員たちのものでもない、ということになります。

しかし、従業員たちが、「会社は自分たちのもの」と思えなければ、仕事への愛着も湧《わ》きませんし、会社への忠誠心も生まれません。そんな会社が発展することもないでしょう。

そこで、会社は「ステークホルダー」（利害関係者）のものである、という考え方もあります。

株主はもちろん利害関係者です。でも、それだけではありませんね。会社の経営者は、全力で会社の経営に当たっています。会社が発展すれば、誇《ほこ》らしい気持ちになりますし、収入も増えるでしょう。それは、従業員も同じことです。つまり、「株式会社は株主、経営者、従業員のもの」という考え方ができるのです。株式会社は誰のものか、という問いには、こう答えるのが現実的な判断だと思います。

いいえ、それればかりではありません。株式会社は「社会のもの」でもありましたね。会社からは、毎日ゴミが出ることでしょう。水道や下水道も使っていますね。もし泥棒《どろぼう》に入られたら、警察を呼ぶでしょう。まるで人間と同じような「社会的存在」であるのです。

そこで、こうした会社のことを「法人」と呼ぶこともあります。「法律で人間と同じようなものとみなす」ということです。ですから、会社が利益を上げれば、国には法人税を納め、地方自治体には法人住民税を納めているのです。

株式会社が売買される

ライブドア騒動が起きたように、株を上場している以上、過半数の株を買い占めれば、株主総会で自分の好きな人物を取締役に選ぶことができ、そこから社長を選ぶことができます。会社を買収できるのですね。

買収した会社を建て直し、もうかる会社にすれば、買収したときより高い値段で売ることも可能になります。株式会社そのものが、まるで「商品」のように売買されることも起きるようになったのです。

「アメリカの経営者は、どこの企業《きぎょう》を買収しようか考え、同時に、どうすれば買収されないですむかを考えている」

こんな笑い話があるほど、アメリカでは企業買収が盛《さか》んです。企業買収のことを「M&A」と呼びます。「Merger & Acquisition」のことで、「合併《がっぺい》と買収」です。企業の買収は、買収相手と合併の形をとることもあるので、こう呼ばれます。

ライブドア騒動以来、日本の会社では、「買収されたら大変だ」という危機意識が高まり、仲のいい企業同士で相手の株を持つという、「株式持ち合い」が進みました。これなら、知らない人物や会社に買収されないで済む、というわけです。

新自由主義は株主重視

株式会社はステークホルダーのもの、という話をしましたが、以前に取り上げた新自由主義の考え方では、「株式会社は株主のもの」と割り切っています。株式会社は利益を追求する組織であり、利益が上がれば、それは株主に還元《かんげん》すべきだ、という考え方です。

この考え方にもとづいて、アメリカでは利益が上がると、まずは株主への配当を引き上げることを考えます。それをしないと、株主総会で、「株主のことを考えない取締役は必要ない」と追い出されるかも知れないからです。

そうなると、利益が上がっても、従業員の給料は据《す》え置《お》いて、株主への配当を増やすという会社が多くなってしまいました。

この傾向《けいこう》は日本でも強くなってきました。かつての日本企業では、「会社一家」という意識が強く、利益が出たら、まずは従業員の給料を引き上げて努力に報《むく》いようとしていたのですが、最近はアメリカ流に、株主への配慮《はいりょ》を優先するようになってきたのです。

株主に配当を多く出すと、その会社の株は人気になって値上がりしますね。株が高くなれば、その会社を狙っている他の会社が株を買い占めるのに費用がかかり過ぎて、買収がむずかしくなります。

配当を多くして、自社の株価を上げることが、買収を防ぐことになる。株価を上げることで、会社を買い占めようという「需要」を減らそうとしているのです。

こういう思惑もあって、最近の日本企業は、利益が上がっても、従業員への還元は少しにして、配当金を増やすという傾向にあるのです。

また、グローバリズムの進展で、日本の企業の株を大量に買っている欧米《おうべい》の企業やファンドも多く、「会社は株主のものだから株主に利益を還元せよ」と要求するようになっていることも影響《えいきょう》しています。

その結果、大株主には巨額《きょがく》の利益が入ってくるけれど、従業員の収入は増えないということになります。これが格差拡大につながる可能性もあります。

存在している会社には意味がある

こうしてみると、市場経済を支えている株式会社それ自体も、市場経済という「見えざる手」によって動かされていることがわかります。

株式会社は、「新しい事業を始めたい」という創設者の熱い思いから誕生したはずです。その会社が、創設者がいなくなっても存続することができているのは、人々が欲《ほ》しがる商品やサービスを提供できているからです。かつてドイツにヘーゲルという哲学者《てつがくしゃ》がいて、「存在するものは合理的である」と言いました。「社会に存在しているものは、何らかの合理的な理由があるから存在していられる」という意味です。長い歴史を持つ会社は、社会にとって有益な商品やサービスを提供しているから存続できてきたのです。人々が欲しがる商品やサービスという「需要」に応《こた》える「供給」をしているから、存在しているのです。

社会にとって有益なものは、時代によって異なります。「豊田自動織機」という織物の機械を製造していた会社が、自動車という不思議な物を製造するようになったことで、いまの「トヨタ自動車」に成長しました。常に変化し続けることで、会社は存続し、成長するのです。

私たちの体を形成している六〇兆個もの細胞《さいぼう》の一つ一つは、新しく生まれては死んでいく、というプロセスをたどっています。常に新しい細胞が生まれることで、私たちは存在できているのです。会社も同じことなのですね。

常に社会が求めるものを供給する。つまり、「見えざる手」が求めるものを手探《てさぐ》りしながら、株式会社は生きているのです。

第8章　「あるべき社会」とは？——格差社会の克服《こくふく》

「市場の失敗」をカバーするのが政府だ

第6章で、「市場の失敗」を取り上げました。市場経済には、浅知恵《あさぢえ》の人間を上回る力があるけれど、時には失敗もするので、全面的に頼《たよ》るわけにはいかないと書きました。

では、「市場の失敗」は、どうカバーすればいいのか。そこで政府の出番なのです。国家とは、そこに住む人たちの生存を守る組織です。その国家で、国民から選ばれて組織された政府が、国家の意思を代行して国民のための仕事をしています。

私たちが生きていく上では、とりあえず自分や家族、そして友人たちの力に頼っていくしかありません。しかし、世の中には、個人個人の力ではできないことも多数あります。それを実施《じっし》するのが政府なのです。

治安も教育も政府の仕事

たとえば治安を守ることです。自分たちで武器を持って自分たちを守るには限界があります。治安を守るプロつまり警察官や検察官、裁判官《さいばんかん》、刑務所職員を雇《やと》って治安を維《い》持《じ》した方が効率的です。火事が起きたときのためには消防士も必要です。こういう仕事を、もし民間企業《きぎょう》に任せると、どんなことになるでしょうか。

「犯人を捜査して欲《ほ》しかったらボーナスをはずんでくれ」「火を消したかったら、出動手当を出してくれ」なんてことになったら大変です。こうした業務は、国民から税金を集めて専門職員を公務員として採用するのが、一番公平で効率的なのです。

教育もそうでしょう。個人で自分の子どもたちの教育をすることは可能でしょうが、社会全体の人々が読み書きできないと、交通信号も理解できないし、会社で働くこともできないという人たちが続出する恐《おそ》れがあります。法律が理解できない人たちばかりでは、治安が悪くなります。こう考えると、社会の人々にとって必要な最低限の知識・教養は、義務教育として政府が実施する必要があることがわかります。

社会保障も同じことです。個々人が老後に備えて貯金をするにしても、中にはそれができない人もいます。できない人たちにとって老後は悪夢です。「その前に荒稼《あらかせ》ぎしておこう」と考える人が出たら治安は悪化します。自分の将来に不安を持たない人が増えれば、社会は安定します。

老後に備えることができない人たちのための年金制度や、医療《いりょう》保険、介護《かいご》保険が充実《じゅうじつ》することで、その社会は安定したものになります。

格差是正《ぜせい》も政府の仕事

市場の失敗によって貧富の差が拡大すると、社会が不安定になります。治安も悪くなるのです。貧富の差を解消すること、格差を是正することは、治安を維持し、社会を安定したものにするために必要なのです。

「格差が拡大するのは、努力する人とそうでない人がいるから当然のことだ。格差があって何が悪い」

こう考える人もいることでしょう。しかし、格差が拡大して、将来に希望を持てない若者たちが犯罪に走れば、社会は住みにくいものになります。金持ちは、厳重に警備された特別地区に住み、外出するときは警備員が同伴《どうはん》する。世界には、こうした国が現実に存在しますが、こんな状況《じょうきょう》は、決して住みやすいとは言えませんよね。

つまり、格差是正は、貧しい人を救うだけではなく、結局は金持ちにとっても住みやすい社会をつくることなのです。

「所得の再配分」は税金の制度による

格差是正の方法にはいろいろありますが、ごく一般的《いっぱんてき》な方法は、税制（税金の制度）によるものです。所得の多い人から多くの税金を集め、所得の低い人からは、少ない税金か、あるいは全く税金を徴収《ちょうしゅう》しないのです。

所得が高くなればなるほど税率（税金の率）を高くしていく仕組みを「累進課税《るいしんかぜい》」といいます。

ここには、所得の高い人（つまり金持ち）は、社会の仕組みをうまく利用して高い所得を得ているのだから、その分、社会に対して果たすべき責任があるだろう、という考え方があります。この仕組みにより、極端《きょくたん》な所得格差は、ある程度なだらかなものになります。

しかし、累進課税が極端だと、これもまた問題を引き起こします。極端な累進課税の場合、所得が高くなると、稼いだ分がみんな税金で吸い上げられてしまうからです。これでは、働く意欲が失われます。あまりに極端だと、金持ちを優遇《ゆうぐう》する海外の国に逃《に》げ出すかも知れません。

会社の経営者など国の経済にとって欠かせない人材は高い所得を得ている可能性が高いので、この人たちが働く気を失ったり、海外に逃げ出したりしたら、経済全体が失速してしまう恐れがあるからです。

極端な所得格差は是正しつつ、極端な累進課税も避《さ》ける。このバランスが大切なのです。

直接税か、間接税か

税制のバランスといえば、もうひとつあります。直接税と間接税のバランスです。これを「直間比率《ちょっかん》」といいます。

直接税とは、たとえば所得税です。お金を稼いだ人が直接納める税金です。

これに対して間接税とは、税金を払《はら》う人と納める人が異なる税です。たとえば消費税が典型的です。私たちが買い物するときに消費税も払います。消費税は、お店の人が預かった上で、後でまとめて国に納めます。払った人と納める人が異なるのですね。

所得税のような直接税は、高い所得の人ほど多くの税金を納めます。「累進性」があります。

一方、消費税の場合、所得の高い人は所得の低い人の何倍も払うということはあまりありませんね。所得の低い人ほど、所得に対する税金の割合が高くなるのです。これを「逆累進性」といいます。

社会の格差是正を考えると、直接税の比率を高くした方がいいということになります。しかし、所得の高い人も低い人も、同じ社会に住み、社会を支える責任があるのに、所得が低いと税金を一切《いっさい》払わないというのは無責任ではないか、という議論も成り立ちます。

また、所得の高い人の中には、税制の仕組みをうまく利用して、納める税金を低く抑《おさ》えている人もいます。あるいは、国が正確な所得を把握《はあく》できない人もいます。こういう人からも平等に税金を集めるためには、消費税がふさわしいのではないか、という意見もあります。誰《だれ》でも買い物をするのですから。

こうした各種の意見があるため、直間比率をどれだけにするかが大きな議論になるのです。ちなみに、これまでの日本では直接税の比率の方が高かったのですが、いまの政府は、直間比率は欧米《おうべい》並みの五分五分が望ましいと考えて、間接税の比率を高めようとしています。

税制をどうするかで、その国の人々の行動様式が変化することもあるので、税制は「国のかたち」を決める、とも言われます。

市場経済のうまい利用も

市場の失敗があるからといって、「市場経済」そのものを敵視しても、世の中はうまく動きません。敵視ではなく、「見えざる手」をうまく利用する方法もあるはずです。

たとえば最近注目されているのが、「排出権取引《はいしゅっけんとりひき》」で温暖化防止を進めようという手法です。

地球温暖化を防止するためには、二酸化炭素など温室効果ガスの排出を減らさなければなりません。でも、「排出ガスを減らそう」と唱えるだけでは、利益を追求する企業は動きません。そこで、温室効果ガスの「排出権」を取引する、という手法が編み出されました。

工場の施設を改善して温室効果ガスを削減《さくげん》することができた企業は、削減した分を、他社に売ることができるようにしようという仕組みです。

日本全体として削減分を決め、各産業に削減量を割り当てます。削減できなかった企業は、その分を、割り当て以上に削減した企業から買わなければいけない、という仕組みにするのです。

こうなると、削減しないと企業の損害、割り当て以上の削減は企業の利益、ということになって、各企業は削減に一生懸命《いっしょうけんめい》になるだろう、というわけです。

株式会社が利益を追求するという「見えざる手」の働きを、環境《かんきょう》保護に役立てようというわけです。

「公」と「私」のバランスを

市場経済を万能視しないこと。市場経済を敵視しないこと。すべてを自己責任にしてしまわない。すべてを「お上頼み《かみだの》」にしない。

要はバランスなのですね。そのバランスをどうとるか。これが現代の難問なのです。人々の努力を最大限に引き出すためには、どうすればいいのか。これが、「資源の最適配分」を考える経済学の課題です。

「結果の平等」を追い求めると「社会主義」になってしまい、人々の労働意欲が失われます。結果の平等ではなく、スタート地点ではみな同じ立場という、「出発点の平等」を大切にすることです。

たとえば、誰でも平等な義務教育を受けられることは大切なことです。たまたま貧しい家庭に生まれたために満足な教育が受けられない、という社会は不健康です。誰もが充実した基礎教育を受けることができた上で、その先は個々人の努力次第、という国のかたちが望ましいはずです。

出発点の平等を確保した上で、ある程度の「結果の不平等」が出ることは容認するしかないでしょう。しかし、その不平等が極端にならないように、所得の再配分が必要になるのです。

その再配分をどう設計すればいいのか。それを決めるのが、政治の力です。

そして、その政治家を選ぶのは、あなたなのです。

おわりに――買い物は「投票行動」だ

最後には政治の話になってしまいました。

自由な社会は、国民の自由な投票によって成り立っています。

同じように、自由な経済も、自由な「投票」によって成り立っているのです。

経済における自由な「投票」とは、何か。それは、私たちが「いい商品」を選んで買うことです。

私たちが、いい商品を買えば、その商品を製造・販売《はんばい》している会社は成長していきます。悪い商品しか作れない会社は姿を消していきます。私たちは、買い物をすることで、いい商品を製造・販売している会社に「投票」していることになるのです。

多数の票を獲得《かくとく》した会社は発展します。

私たちが買い物で「投票」するということは、その商品に対する「需要《じゅよう》」が拡大することでもあります。その需要に引っ張られる形で、いい商品の供給も伸《の》びていくことでしょう。いい商品を選ぶという自由経済での「投票」行動は、「見えざる手」を利用することでもあるのです。

この本で考えてきたように、経済学とは、「見えざる手」を見えるようにしようとする学問です。

私たちは、お金を発明したときから、「見えざる手」に悩《なや》まされてきました。翻弄《ほんろう》されてきました。経済学者でも悩まされる「見えざる手」を見ることなど、素人《しろうと》の私たちにはとても無理かも知れません。

しかし、いい商品・サービスを選ぶという、賢《かしこ》い消費者になって一票を行使することで、私たちは「見えざる手」が見えないまま、「見えざる手」を利用することはできるのです。

いい商品・サービスが増えれば、私たちの暮らしは豊かになるはずです。豊かな暮らしのために、あなたの清き一票を。

この本の企画《きかく》は、二〇〇五年秋、ちくまプリマー新書で『憲法はむずかしくない』を出版後、編集者の伊藤笑子さんと話しているうちにまとまりました。そのときの約束を、いまやっと果たすことができました。

この本を読んで、「経済学って、面白《おもしろ》いな」と思ったら、今度はもう少し専門的な本を開いてみてください。この本を読んだ後なら、「ああ、このことか」と思う箇所《かしょ》がしばしば登場するはずです。

二〇〇八年二月

池《いけ》上《がみ》 彰《あきら》

もっと知りたい人のために

この本を読んで、経済学に興味をもった人のために、いくつかのジャンルに分けて書《しょ》籍《せき》を紹介《しょうかい》しましょう。

【初級編】　経済学入門の本です。

泉美智子《みちこ》『調べてみよう　お金の動き』（岩波ジュニア新書）

新井明《あらいあきら》ほか『経済の考え方がわかる本』（岩波ジュニア新書）

小塩隆士《おしおたかし》『高校生のための経済学入門』（ちくま新書）

【おもしろ経済学】　経済学の考え方で世の中のことを説明しようという本です。

ロバート・H・フランク著、月沢李歌子《つきさわりかこ》訳『日常の疑問を経済学で考える』（日本経済新聞出版社）

大竹文雄《ふみお》編『こんなに使える経済学』（ちくま新書）
大竹文雄『経済学的思考のセンス』（中公新書）
伊藤元重《いとうもとしげ》『キーワードで読み解く経済』（NTT出版）
吉本佳生《よしお》『スタバではグランデを買え！』（ダイヤモンド社）

【経済学史編】 有名な経済学者についての本です。
アダム・スミス著、山岡洋一《やまおか》訳『国富論』（日本経済新聞出版社）
浅野栄一『ケインズ』（清水書院）
吉川洋《ひろし》『ケインズ』（ちくま新書）
伊東光晴《みつはる》『現代に生きるケインズ』（岩波新書）
木原武一《ぶいち》『ぼくたちのマルクス』（筑摩書房）
的場昭弘《あきひろ》『マルクスだったらこう考える』（光文社新書）
フランシス・ウィーン著、中山元訳『マルクスの『資本論』』（ポプラ社）
マリル・ハート・マッカーティ著、田中浩子《こうこ》訳『ノーベル賞経済学者に学ぶ現代経済思

想』（日経ＢＰ社）

【格差社会を考える】

ＮＨＫスペシャル「ワーキングプア」取材班編『ワーキングプア』（ポプラ社）
岩田正美『現代の貧困』（ちくま新書）

このほか、社会主義国家がなぜ行きづまったかについては、

池上彰『そうだったのか！現代史』（集英社文庫）

世界経済の現状については、

門倉貴史《たかし》『世界一身近な世界経済入門』（幻冬舎新書）

具体的な経営論については、

原田泳幸《えいこう》『ハンバーガーの教訓《きょうくん》』（角川書店）

中にはだいぶ歯ごたえのある本もありますが、無理をせずに、興味のある部分から読み進めてみてください。

ちくまプリマー新書

ちくまプリマー新書

062
未来形の読書術
石原千秋
私たちは、なぜ本を読むのだろう。「読めばわかる」というレベルを超えて、世界の果てまで「自分」を追いかけていく、めまいがしそうな試みこそ、読書の楽しみだ。

069
高校生のためのメディア・リテラシー
林直哉
私たちには、伝えたいことがある！　あふれる情報を使いこなし、自分の表現を仲間や社会に発信していく方法とは？　新しい「学び」を提案する画期的レポート。

059
データはウソをつく
——科学的な社会調査の方法
谷岡一郎
正しい手順や方法が用いられないと、データは妖怪のように化けてしまうことがある。本書では、世にあふれる数字や情報の中から、本物を見分けるコツを伝授する。

029
環境問題のウソ
池田清彦
地球温暖化、ダイオキシン、外来種……。マスコミが大騒ぎする環境問題を冷静にさぐってみると、ウソやデタラメが隠れている。科学的見地からその構造を暴く。

073
生命科学の冒険
——生殖・クローン・遺伝子・脳
青野由利
最先端を追う「わくわく感」と同時に、「ちょっと待てよ」の倫理問題も投げかける生命科学。日々刻々進歩する各分野の基礎知識と論点を整理して紹介する。

ちくまプリマー新書080
「見《み》えざる手《て》」が経済《けいざい》を動《うご》かす

二〇〇八年四月十日　初版第一刷発行
二〇一二年一月十五日　初版第六刷発行

著者　池上彰（いけがみ・あきら）
装幀　クラフト・エヴィング商會
発行者　熊沢敏之
発行所　株式会社筑摩書房
東京都台東区蔵前二-五-三　〒一一一-八七五五
振替〇〇一六〇-八-四一二三
印刷・製本　中央精版印刷株式会社

ISBN978-4-480-68782-1 C0233　Printed in Japan

乱丁・落丁本の場合は、左記宛にご送付下さい。
送料小社負担でお取り替えいたします。
ご注文・お問い合わせも左記へお願いします。
〒三三一-八五〇七　さいたま市北区櫛引町二-六〇四
筑摩書房サービスセンター　電話〇四八-六五一-〇〇五三